NOTICE

BIOGRAPHIQUE et BIBLIOGRAPHIQUE

SUR MESSIRE

René TOUSTAIN de BILLY

PRÊTRE, DOCTEUR EN THÉOLOGIE

HISTORIEN

CURÉ DU **Mesnil-Opac** (MANCHE)

NÉ A **Bény-Bocage** (PRÈS **Vire**, CALVADOS)

Par Georges LE GORGEU

Docteur en Droit

VIROIS

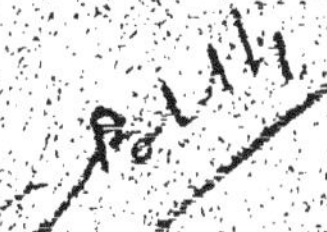

VIRE, TYP. A. ADAM, RUE SAULNERIE, 18

OCTOBRE 1883

NOTICE

BIOGRAPHIQUE et BIBLIOGRAPHIQUE

SUR MESSIRE

René TOUSTAIN de BILLY

PRÊTRE, DOCTEUR EN THÉOLOGIE

HISTORIEN

CURÉ DU **Mesnil-Opac** (MANCHE)

NÉ A **Bény-Bocage** (PRÈS **Vire**, CALVADOS)

Par Georges LE GORGEU

Docteur en Droit

VIROIS

VIRE, TYP. A. ADAM, RUE SAULNERIE, 18

OCTOBRE 1883

NOTICE

Biographique et Bibliographique

SUR

MESSIRE RENÉ TOUSTAIN DE BILLY

PRÊTRE, DOCTEUR EN THÉOLOGIE

HISTORIEN

Curé du MESNIL-OPAC (Manche)

NÉ A BÉNY-BOCAGE (PRÈS VIRE, Calvados)

TURSTINE, NIL TIMEAS, TU REDIVIVUS ERIS. (1)

I

Il se rencontre parfois de ces savants modestes qui tiennent à vivre toujours dans le silence et le recueillement. Leur existence entière est consacrée à l'étude et aux bonnes œuvres. Uniquement préoccupés du désir de se rendre utiles à la société par la sagesse de leurs conseils et par d'importants travaux, ils se gardent bien de rechercher les postes élevés, qu'à tous égards, ils seraient dignes de remplir. Viennent-ils à disparaître, ces hommes d'élite laissent après eux d'unanimes regrets; puis le silence se fait peu à peu autour de leur tombeau. Mais, — par un juste retour, —

(1) Le nom de Toustain se traduisait autrefois en latin par *Turstinus*, *Turstini*, etc.; dès lors, nous pouvions employer ce mot dans le vers que nous avons composé pour notre épigraphe.

grâce à l'initiative de quelques personnes qui ont la mémoire du cœur, ces savants privilégiés revivent bientôt, et reprennent, cette fois pour toujours, dans le souvenir de leurs concitoyens, une place proportionnée à leurs services et à leurs bienfaits... Tel, à deux siècles de distance, nous apparaît *Messire René Toustain de Billy*, le vénérable curé du Mesnil-Opac (1), l'illustre auteur de l'*Histoire civile du Cotentin* et de l'*Histoire Ecclésiastique du diocèse de Coutances*, l'une des gloires les plus pures de la Basse-Normandie. *René* Toustain est né à Bény-Bocage (2), et appartient, dès lors, à l'arrondissement de Vire.

Disons, dès l'abord, toute notre pensée : qu'on ne s'attende point à trouver dans ce travail, une série de chapitres classés méthodiquement. C'est, à certains égards, une causerie où les faits sont exposés d'après l'ordre suivant lequel ils se sont présentés à notre esprit. Sans doute, il s'y rencontre des lacunes, des imperfections, — certains épisodes pouvant paraître à quelques personnes, minutieux ou de peu d'intérêt. Mais ce qui ne plaît pas à l'un convient à l'autre. D'ailleurs, le touriste, en présence des tableaux variés d'un paysage, est toujours libre de détourner ses

(1) La paroisse du Mesnil-Opac était jadis du *vieux Doyenné de Percy*, (voir la carte de l'ancien diocèse de Coutances). Depuis l'établissement des nouvelles circonscriptions territoriales en France, le Mesnil-Opac fait partie du canton de Tossy-sur-Vire, (arrondissement de Saint-Lo, Manche), et jamais il n'a dépendu du canton de Percy, comme l'ont dit quelques écrivains, qui, sans doute, ont confondu le *canton actuel de Percy* avec le *Doyenné de Percy*, *Decanatus de Perceio*.

(2) *Bény-Bocage*, aujourd'hui. Avant la révolution, cette commune s'appelait Bény. Plus anciennement, des actes de l'état civil et certains contrats portaient : *Sainte-Honorine du Bény*. C'est le vocable sous lequel l'église avait été consacrée. — Autre particularité : dans les bois, — au nord de la Bruyère, — qui ont appartenu aux Carbonel, aux Nantier, à la maison de Renty, etc., il y a une fontaine appelée aujourd'hui encore du nom de Sainte-Honorine du Bény.

regards des points de vue qui n'auraient pas d'attrait pour lui; ainsi du lecteur. Nous n'exprimons qu'un désir : c'est que ceux sous les yeux de qui passeront ces pages, les accueillent avec indulgence, et qu'ils éprouvent, à les parcourir, les jouissances que nous avons ressenties nous-même en les écrivant.

Un double motif nous détermine à publier enfin sur notre compatriote une notice biographique et bibliographique, dont nous avions réuni, depuis bien longtemps déjà, les premiers éléments : d'une part, la Société d'Agriculture, d'Archéologie et d'Histoire Naturelle du département de la Manche vient de rendre un légitime et solennel hommage à la mémoire de Messire René Toustain de Billy; — d'autre part, les écrivains qui se sont occupés de ses travaux historiques sont restés muets ou à peu près sur sa personne. Plus favorisé peut-être, sous ce rapport, que nos devanciers, nous sommes parvenu à nous procurer, à force de recherches, les plus curieux détails biographiques, et c'est pour nous une bonne fortune que de pouvoir offrir aux personnes de goût et aux amis de notre histoire locale, la primeur de *divers actes et documents inédits et même inconnus jusqu'à ce jour* : nous leur réservons, nous le croyons du moins, plus d'une agréable surprise (1).

Initions, dès maintenant, nos lecteurs aux propositions principales que nous essaierons d'établir.

René *Toustain*, écuyer, sieur de *Billy*, devenu curé

---

(1) Si, à raison de certaines particularités qu'elle contient sur René Toustain et sur plusieurs membres de sa famille, cette notice offre quelque intérêt, le mérite en revient pour partie à M. Pépin, greffier de la justice de paix de Bény-Bocage depuis plus de 40 ans. Ami de nos antiquités locales, M. Pépin connaît mieux que personne le canton de Bény-Bocage, où il a toujours vécu et où demeure sa famille depuis des siècles. Il a su, plusieurs fois, sauver des titres anciens, condamnés à pourrir dans la fosse à fumier, parce qu'ils étaient, lui disait-on, trop vieux, illisibles.

du Mesnil-Opac, descendait d'une ancienne famille noble, alliée ou amie des personnes les plus distinguées de la ville de Vire et des environs.

Cette famille possédait, depuis plus de deux siècles, des immeubles dans la partie du canton de Bény-Bocage (arrondissement de Vire), que représentaient autrefois les communes de Saint-Denis-Maisoncelles, du Tourneur et du Bény. C'est *au Bény*, où demeuraient ses ancêtres, et non à *Maisoncelles-la-Jourdan* près Vire (1), que René Toustain est né.

Il devint curé de la paroisse du Mesnil-Opac probablement sur la présentation d'un des membres de la puissante maison des Renty.

Le curé du Mesnil-Opac résidait souvent au Bény; c'est seulement dans les derniers temps de sa vie qu'il vendit, — nous dirons dans quelles circonstances, — la maison et la ferme qu'il y possédait du chef de ses ancêtres.

Après avoir fait connaître la fête organisée au Mesnil-Opac par la Société d'Archéologie du département de la Manche, nous donnerons un aperçu bibliographique, aussi complet que possible, des travaux et des manuscrits de l'historien du Cotentin (2).

---

(1) Maisoncelles-la-Jourdan, canton de Vire, à une lieue de cette ville. Le nom de Toustain de Billy n'a jamais été connu à Maisoncelles-la-Jourdan. Les érudits qui ont présenté René Toustain comme étant né dans cette dernière commune, l'avaient confondue avec la paroisse de Saint-Denis-Maisoncelles, voisine du Tourneur et du Bény. Mais le curé du Mesnil-Opac n'a vu le jour ni à Saint-Denis-Maisoncelles ni à Maisoncelles-la-Jourdan.

(2) Nous sommes heureux de pouvoir rappeler ici qu'*un autre virois*, l'abbé *Le Franc*, supérieur du grand séminaire de Coutances, a écrit, non-seulement sur Saint-Lo, sur l'Avranchin, mais qu'il a laissé une « Nouvelle Histoire Universelle et Chro- » nologique du Grand Bailliage du Cotentin ancien depuis son » origine jusqû'au XVIIIe siècle inclusivement. » — Dans notre étude, VIRE, *berceau de la famille* PITHOU, p. 9, nous avons raconté comment il a été constaté que le *Manuscrit*, in-folio de 272 pages, non signé, — appartenant à la Bibl. de Coutances, et renfermant la « Nouvelle Histoire Universelle » précitée, émane de l'auteur des *Mémoires sur la Ville et Election de Vire*, c'est-à-dire de l'abbé Le Franc. — Né à Vire, le 26 mars 1739, Le Franc est mort à Paris dans les journées des 2 et 3 septembre 1792.

Enfin des notes supplémentaires contiendront des *extraits d'actes*, ou d'autres *documents* et *souvenirs*, qui auraient embarrassé la marche de notre récit.

Le Dictionnaire de la Noblesse par de Courcelles (1), renferme la mention suivante :

... « De Toustain, seigneur de Billy et de la Gode-» rye, en Normandie, famille issue d'une ancienne » chevalerie de cette province, qui a été maintenue » lors de la recherche faite par Raymond de Montfaut, » l'an 1483. — (Armes) d'argent à deux fasces d'azur, » accompagnées de trois merlettes de sable, deux en » chef et l'autre entre les deux fasces. »

Cette mention offre un sérieux intérêt en ce sens qu'elle nous autorise à faire les remarques ci-après : (a) l'auteur du Dictionnaire de la Noblesse appelle les seigneurs de Billy et de la Goderye — de *Toustain*, et non pas seulement *Toustain;* (b) leur noblesse remontait à une époque reculée, puisqu'elle avait été reconnue en 1483; — dès avant cette époque (1483), les de Toustain ou Toustain possédaient ou avaient possédé la terre de la Goderye, au village du même nom, en la commune du Tourneur, contiguë au Bény.

Peut-être eussions-nous pu nous en tenir à l'indication que le généalogiste de Courcelles nous a fournie sur la question qui nous occupe; mais nous ne saurions résister au plaisir de reproduire un autre document puisé à une source officielle, et méritant, par cela même, toute confiance. En 1697, c'est-à-dire 214 ans après la recherche de Montfaut, P. d'Hozier, commis pour certifier la noblesse des pages et des principales familles du royaume, inscrivit à l'armorial général de la France, le blason du curé du Mesnil-Opac *dans les mêmes termes* que le Dictionnaire de la Noblesse, sauf qu'il ne donna pas à René Toustain la qualité de « seigneur de Billy et de la Goderye. » Voici, au

(1) T. II, p. 398.

surplus, comment est conçue la notice que d'Hozier lui a consacrée : *René Toustain, prêtre, curé de la paroisse du Mesnil : d'argent à deux faces d'azur, accompagnés de trois merlettes de sable, deux en chef et l'autre entre les deux faces* (1).

Généalogie de la famille Toustain de Billy

Le lecteur, au moyen du tableau que nous mettons sous ses yeux, pourra, sans peine, distinguer ceux des membres dont il lui importe de retenir les noms, et bien comprendre leur filiation. Plus tard, il lui sera facile de constater leur identité et de reconnaître l'exactitude du rang assigné à chacun.

Gabriel TOUSTAIN sieur de Billy

|

Jacques TOUSTAIN, sieur de Billy (2)
à Jeanne LECHARTIER.

François TOUSTAIN, sieur de la VALLETTE à Magdelaine de BAUDRE	Charles TOUSTAIN sieur de la GODERYE

René TOUSTAIN sieur de Billy CURÉ DU MESNIL-OPAC	Magdelaine TOUSTAIN à Gilles EUDELINE	Isabelle TOUSTAIN à Le FORESTIER

Comme l'indique la généalogie que nous venons

(1) Nous empruntons ce document au n° 18 (*Mortain, par René Toustain de Billy*), de la savante publication — LE MORTAINAIS HISTORIQUE ET MONUMENTAL — du bibliophile normand, M. Hippolyte SAUVAGE, avocat et ancien magistrat, qui l'avait recueilli lui-même à la Bibliothèque Nationale, Cabinet des Titres, n° 388.

(2) Extrait d'un « Arrêt aux Aydes, 21 novembre 1592 : Jacques Toustain, sieur de Billy, *demeurant au Bény*, sergenterie du Tourneur, en l'ELECTION DE VIRE, « *jouira*... » — Ce dernier mot signifie qu'à cette date, *Jacques Toustain avait justifié de sa noblesse.*

La preuve de cette interprétation du mot *jouira* résulte d'*Extraits* de registres de personnes qui « *se sont trouvées nobles* » aux neuf « Elections de la Généralité de Caen sur la visitation » de leurs pièces... par J. J. de Mesme, seigneur de Roissy..., et » un *Commissaire* pour le récollement des Tailles et réformation » des abus en fait de Finances, Aydes et Gabelles, et USURPATION » DE TITRES DE NOBLESSE (1598, 1599). — Les Elections sont Caen, » Bayeux, etc., Carentan, Valognes, Mortain... — Les mots » *jouira, jouiront*, etc., s'y rencontrent à chaque pas. »

d'établir, Jacques Toustain, sieur de Billy, aurait eu *deux enfants* (1) de son mariage avec damoiselle Anne Lechartier: *Charles* Toustain, sieur de la *Goderye*, et *François* Toustain, sieur de la *Vallette*.

Charles Toustain s'appella sieur de la *Goderye* ou *Goderie*, du nom d'une terre située en la commune du Tourneur. Ce nom est très-ancien, et certaines personnes le font remonter à l'époque où les Anglais occupaient le pays; du reste on pourrait peut-être trouver dans leur langue l'étymologie du mot Goderye. La terre de la Goderye, après avoir appartenu à la famille Toustain, passa dans la famille des de Baudre, puis elle devint, il y a une trentaine d'années environ, la propriété de Marie de Baudre, sœur d'Hippolyte,

---

(1) Mais aux deux enfants de Jacques Toustain, — Charles et François, — ne faudrait-il pas en ajouter un *troisième?* nous avons rencontré dans les registres de la commune du Mesnil-Opac *l'acte de décès* d'un Toustain dont l'existence paraît avoir été ignorée jusqu'à ce jour. Ce document est de nature, croyons-nous, à soulever des controverses; le voici :

« Le vingt-huit du mois (décembre) audit an (1676), Jacques » *Toustain*, esc., sieur de *Billy*, capitaine de chevaulx-leger, ma- » jor de Brigade et depuis brigadier de gendarmerie de la » garde ordinaire du Roy est décédé... et fut inhumé dans le » chœur de l'Eglise, *du costé de l'Epistre*, par noble et discrete » personne Me François... prestre, curé de Chevry, doyen de » Percy, en la présence de nous curé susdit, présence de Thomas » Monnier, curé de *Tresgots*, Louis Gaultier, esc., sieur de l'Es- » pagnerie, Bénedic de Beton, esc., sieur de Bricqueville, Phi- » lippe Levalois, esc., sieur de Brisoult et autres... »

Signé : R. Toustain.

Pour copie conforme,

Le maire du Mesnil-Opac, *Jacques* Lemeray.

Jacques Toustain, sieur de Billy, « capitaine de chevau-leger, » inhumé au Mesnil-Opac en 1676. était-il le frère *de Charles*, sieur de la Goderye, et de *François*, sieur de la Vallette, et, par suite, l'*oncle* de René Toustain, curé du Mesnil-Opac? ou bien était-il le frère de ce dernier? Ou bien encore n'aurait-il été qu'un de ses parents? Nous signalons la difficulté ici, sauf à essayer de la résoudre, après avoir scruté l'ensemble des faits et des actes. Mais que le « capitaine de chevau-leger » soit l'oncle, le frère, ou simplement un parent du curé du Mesnil-Opac, l'*identité* et la *filiation* de René Toustain, sieur de Billy, telles que nous les avons établies, n'en restent pas moins certaines.

qui fut mariée à Charles de Grimouville-Larchant. Elle appartient aujourd'hui à l'une des filles issues de cette union, — veuve de Charles Gaultier de Carville de Boisyvon, décédé il y a un an. Nous n'avons parlé de Charles Toustain, sieur de la Goderie, qu'incidemment et à titre de renseignements historiques; (1) car René Toustain, curé du Mesnil-Opac, appartient à la branche de François Toustain, sieur de la Vallette, son père.

Cette qualification de « sieur de la *Vallette*, » provenait sans doute du nom d'une terre que François Toustain possédait en la commune de Saint-Denis-Maisoncelles, et qui était contiguë à la Goderie, située au Tourneur.

Faisons remarquer, en passant, que les deux fils de Jacques Toustain, sieur de Billy, — Charles et François, — ne prirent ni l'un ni l'autre le titre de leur père; au contraire, le petit-fils de ce dernier, René Toustain, curé du Mesnil-Opac, se qualifiait dans les actes « *sieur de Billy*. »

François Toustain, sieur de la Vallette, *né au Bény*, ainsi que le constate son acte de mariage dont nous donnons ici la *transcription littérale*, choisit pour

---

(1) La branche de Charles Toustain, sieur de la Goderye, se multiplia dans le pays. Il en sortit plusieurs ecclésiastiques et des laïques sur le compte desquels nous donnerons quelques détails. — Une demoiselle *Toustain*, provenue de cette branche, fut mariée à *Hippolyte de* BAUDRE *de* NOYERS, commune du Tourneur. De leur union naquit, *Léon de* BAUDRE, — décédé en 1867, sans enfants; — comme agronome et comme membre de notre Société d'Agriculture, il a rendu de grands services à l'arrondissement de Vire.

Une autre demoiselle Toustain, également sortie de la branche de Charles Toustain, sieur de la Goderie, épousa *Jean-Baptiste du* HAMEL, seigneur de Saint-Denis-Maisoncelles. Une fille, issue de cette union, *Marie-Catherine du* HAMEL, fut mariée au *marquis de Campigny*; de leur mariage naquit *Bon-Louis Bauquel*, MARQUIS DE CAMPIGNY. Ce dernier n'ayant point laissé d'enfants, avait institué pour son légataire universel Stanislas-Florestan *Bauquel*, MARQUIS DE GRANDVAL, propriétaire à Saint-Denis-Maisoncelles, ancien membre du Conseil général, dont la mort a causé d'unanimes regrets dans la contrée...

femme *damoiselle Magdalaine de* BAUDRE *de Soubressain* du Tourneur; leur union fut célébrée dans l'église de cette paroisse, selon l'usage admis dès ce temps-là.

Acte de mariage de François Toustain, sieur de la Vallette, avec Magdalaine de Baudre, — père et mère du curé du Mesnil-Opac, tel que nous l'avons extrait des registres du Tourneur.

« Le xxme jour desdits mois et an (aoust 1623) 1623.
» Noble hôme François *Tostain* (sic) sieur de la Val-
» lette, de la paroisse du *Bény*, espousa damoiselle
» Magdalaine de *Baudre*, fille de feu noble hôme
» Guillaume de *Baudre*, sieur de Soubressain, presents
» nobles hômes Jehan René et Nicolas ditz de *Baudre*,
» frères de la dicte fille, Nicolas *du Hamel*, advocat
» à Vire, et plusieurs aultres, leurs parents et amis. »
— Pas de signatures.

Cet acte de mariage est du plus haut intérêt. Il fixe, d'une manière positive, plusieurs points historiques inconnus jusqu'à ce jour, notamment la date du mariage des père et mère de René Toustain, curé du Mesnil-Opac, — 20 août 1623, — et nous montre, de plus, réunis en une fête de famille, les Toustain de Billy, les de Baudre et les du Hamel.

Un autre acte non moins précieux que nous avons découvert dans les archives municipales de Vire, nous fait voir, à dix années d'intervalle, — réunies de nouveau, — les trois familles Toustain, de Baudre et du Hamel. Cette fois, il s'agit d'un baptême, et c'est Me Nicolas *du Hamel* (1), mari de Catherine de Baudre, qui appelle, à son tour, — pour qu'il soit parrain, — François Toustain, sieur de la *Vallette*, marié à Magdelaine *de Baudre*.

(1) Nicolas du Hamel, avocat à Vire, fut le père des illustres frères du Hamel, dont Jean-Baptiste, l'un d'eux, fut le secrétaire perpétuel de l'Académie des Sciences. Plus tard, nous donnerons quelques détails biographiques sur les familles du Hamel et de Baudre, auxquelles les Toustain de Billy étaient unis par des alliances et par l'amitié.

Acte de naissance de Françoyse du Hamel.

« Ledit jour (14 febvrier 1633), fut baptizée une fille pour Me Nicolas du Hamel, sieur du lieu, advocat, et damoiselle Catherine de Baudre, sa femme, nommée Françoyse par noble homme Françoys *Toustain*, sieur de la *Vallette*, et damoiselle *du Hamel*, femme de noble homme Françoys de *Radulph*, lieutenant criminel... » — Suivant l'usage, à cette époque-là, pas de signatures.

De l'union de François Toustain avec Magdalaine de Baudre, naquirent trois enfants : René *Toustain*, sieur de *Billy*, l'auteur de l'Histoire du Cotentin et des évêques de Coutances, curé du Mesnil-Opac ; — damoiselle Magdalaine *Toustain*, qui épousa, le 26 août 1653, Me Gilles *Eudeline*, « licencié aux loix, advocat à Thorigny ; » — damoiselle Isabelle *Toustain*, qui se maria, le 23 mai 1666, à « honorable personne Jean *Le Forestier*, sieur des Besaces et des Essarthiers.... » (1).

Après cette digression indispensable pour montrer que les Toustain avaient de hautes relations à Vire et dans les environs, revenons à l'un des points essentiels de notre étude :

Filiation directe de René Toustain,
curé du Mesnil-Opac :

Son père, François Toustain, sieur de la Vallette,
Son aïeul, Jacques Toustain, sieur de Billy,
Son bisaïeul, Gabriel Toustain, sieur de Billy.

Berceau des Toustain de Billy.

Il n'existe, *dans l'arrondissement de Vire*, aucune commune ni aucun village portant le nom de Billy. Les aïeux de René Toustain, curé du Mesnil-Opac, seraient-ils *originaires de Lisieux* ou des environs de

(1) Pour prévenir toute erreur, je donnerai ultérieurement le *relevé textuel* des registres de l'état civil du Bény.

cette ville, comme l'ont pensé certaines personnes, ou bien seraient-ils venus, — à une époque qu'il serait impossible de fixer, — de la *paroisse de Billy* (1), que nous avons trouvée dans le département du Calvados, — arrondissement de Caen, — (canton de Bourguébus?) — Ou bien encore auraient-ils seulement possédé autrefois un fief dans cette paroisse, et pris, à cette occasion, le titre de « seigneurs de Billy? » N'ayant point de renseignements précis sur ces points historiques, nous n'exprimons pas d'opinion positive (2).

Registres de l'état civil de Bény-Bocage.

Les registres de cette commune ne remontant pas au-delà de 1651, ne contiennent ni l'acte de décès de Jacques Toustain, sieur de Billy, ni celui de François Toustain, sieur de la Vallette, son fils; car l'un et l'autre étaient morts avant cette date (3). Ces registres ne mentionnent pas davantage la naissance des trois enfants de François Toustain, sieur de la Vallette : Magdaleine Toustain, devenue femme Eudeline, — Isabelle Toustain, mariée à Le Forestier, — et René Toustain, sieur de Billy, curé du Mesnil-Opac. La

---

(1) Le curé de Billy (Calvados), M. *Salomon*, auquel nous avions adressé plusieurs questions sur l'*origine des Toustain* de Billy, vient de nous répondre, avec une aimable courtoisie, que, — malgré les plus minutieuses recherches faites par M. le maire et par lui, — auprès des vieillards de la commune de Billy, aux Archives municipales, et aussi dans les anciens registres de la fabrique, dont quelques-uns portent la date de 1540 à 1620, il lui est impossible de nous fournir d'indications sérieuses.

(2) Il existe en France beaucoup de communes du nom de *Billy*, et il en est une dans le Calvados même, qui s'appelle *Toutainville*. Nous nous réservons de donner, en temps et lieu, quelques notions historiques et étymologiques sur les mots *Toustain*, *Toutainville*, *Billy*, etc.

(3) Les registres de l'état civil du Mesnil-Opac, nous feront connaître la date du décès de *Magdalaine* ou *Madelaine* de Baudre, veuve de François Toustain, sieur de la Vallette, mère du curé du Mesnil-Opac.

raison en est simple : « ils étaient nés avant 1651. » Toutefois, il a existé des registres au Bény antérieurement à cette date. En effet, on lit ce qui suit sur une feuille se trouvant dans le premier cahier : « Extrait des registres de Sainte-Honorine-du-Bény. » Cette feuille renferme la copie d'actes de 1631, 1642 et de plusieurs autres depuis 1651 à 1667. Ce registre est entier et uniquement de la main de Léonard *Marie, curé du Bény*, et ne porte que sa signature. Nous présumons que ce cahier n'est que la copie de notes éparses ou d'anciens registres mal tenus que ses devanciers s'étaient contentés de dresser.

Extraits textuels des registres du Bény.

« Mariage des deux sœurs de René Toustain : »

Magdalaine Toustain espouse Mᵉ Gilles Eudeline, licencié aux loix, advocat à Thorigny, dans l'église « de Sainte-Honorine-du-Bény, — 26 août 1653. »

Isabelle Toustain espousé honorable personne Mᵉ Jean Le Forestier, sieur du Berquet, seigneur des Besacés et des Essarthiers, « dans l'église de Sainte-Honorine-du-Bény, — le jeudi 6 mai 1666. »

L'acte ci-après nous apprend qu'à la date qu'il porte, Magdalaine de Baudre, femme de François Toustain, sieur de la Vallette, avait perdu son mari, mais sans indiquer l'époque de la mort de ce dernier.

L'an 1673, le 16ᵉ febᵉʳ, Madelaine de Baudre, « *vefve* (veuve) de » François Toustain, vivant, escuyer, sieur de la Vallette, nomme » une fille pour Mᵉ Jacques Passard, tabellion. »

Où naquit René Toustain, curé du Mesnil-Opac?

A Bény, très-certainement. Constatons, tout d'abord, qu'il n'existe aucun fait, aucun document pouvant donner l'idée qu'il soit né dans une autre commune (1).

(1) C'est par une erreur évidente, — longtemps *error communis*, — que Frédéric Pluquet et le *Manuel du Bibliophile Normand*, par Ed. Frère, font naître René Toustain de Billy, à Maisoncelles-la-Jourdan, commune presque contiguë à Vire.

L'arrêt aux Aydes du 21 novembre 1592, prouve que, dès cette époque, Jacques Toustain, sieur de Billy, grand-père du curé du Mesnil-Opac, *demeurait au Bény*. Il y fit de nombreuses acquisitions d'immeubles, il y mourut, et demanda, par son testament, à être inhumé dans l'église de cette paroisse. Il fit des fondations en faveur des prêtres et de la fabrique du Bény. On sait déjà que François Toustain, sieur de la Vallette, père de René Toustain, curé du Mesnil-Opac, est indiqué par son contrat de mariage, comme *demeurant au Bény*. Il achète aussi des immeubles dans cette commune. Jacques Toustain et François Toustain habitaient le Hamel-Aumont, que nous allons faire connaître bientôt. Les deux filles de François Toustain, sieur de la Vallette, — sœurs du curé du Mesnil-Opac, — nées au Bény, s'y sont mariées. La famille Toustain possédait un banc d'honneur dans l'église de cette paroisse. Devenu prêtre, René Toustain y réside pendant quelques années, et il y exerce plusieurs actes, soit en cette qualité, soit comme ami.

Actes du ministère de René Toustain à Bény, d'après les registres de cette commune.

Un baptême	....	16 fév. 1675
Un enterrement	le même jour..............	id. id.
id.	présence du curé de Tresgoz.	29 août id.
id.	....	6 nov. id.

Acte en dehors de son ministère.

Comme parrain « noble homme René Toustain, escuyer, sieur de Billy, *nomme* une fille pour Me Thomas Lemaignen, et damoiselle Suzanne de Percy, son espouse,... — 3 mai 1676 » (1).

Un des principaux habitants du Bény « Louys Marie » vient à

(1) Cet acte du 3 mai 1676, auquel T. de Billy figure, à Bény, comme parrain, est *postérieur* à celui du 6 févr. de la même année, le premier qu'il ait dressé au Mesnil-Opac, en sa qualité de curé de cette paroisse.

A quel titre a-t-il exercé plusieurs actes de son ministère à Bény, en l'année 1675? — Comme enfant du Bény, en qualité d'ami, et parce qu'il avait conservé des relations intimes dans la commune où il était né.

mourir. A qui s'adresse-t-on? A un prêtre étranger, à un ancien habitant de la paroisse, à René Toustain.

... Audit an 1685 le 20e mars, Louys Marie mourut aagé de 65 ans... M. le curé du Mesnil-Opac fit l'enterrement...

Signé : R. Toustain.

Mais à quoi bon nous attarder à rappeler ici d'autres faits analogues? Contentons-nous d'ajouter que René Toustain, — *devenu curé du Mesnil-Opac vers le commencement de l'année* 1676, — avait conservé une maison meublée au Bény, et qu'il y revenait très-souvent. Il ne vendit son « Hamel-Aumont, » situé dans cette commune, qu'en 1703, sept ans après la mort de sa mère, veuve depuis longues années; mais c'est en 1705 seulement que René Toustain... « consentit que le sieur De la Mare Vivien, fît son profit de tous les meubles qui lui appartenaient dans la maison du Hamel-Aumont (1). »

En quelle année, René Toustain, sieur de Billy, est-il né?

La question est très-simple, et cependant elle a donné lieu à des suppositions erronées, parce que, dans cette circonstance, comme dans beaucoup d'autres, on s'est dispensé de remonter aux sources. Pour résoudre la difficulté, il me suffit du rapprochement de deux dates, *qui équivaut à un écrit*.

L'acte de décès du curé du Mesnil-Opac porte qu'il est mort en 1709, et son tombeau indique qu'il était alors âgé de 66 ans. Nous retranchons le chiffre 66 du chiffre 1709, ce qui reporte sa naissance *à l'année* 1643 (2). René Toustain, docteur en théologie, depuis

(1) Voir ci-après l'acte sous seing privé, dressé *au Bény*, le 25 août 1705, par lequel Vivien, acquéreur du Hamel-Aumont, fut approprié des meubles que le curé du Mesnil-Opac s'était réservés.

(2) L'acte de mariage de François Toustain, sieur de la Vallette, et de Magdaleine de Baudre, père et mère de René Toustain, est, nous le savons, du 23 nov. 1623. Ils étaient donc mariés depuis une vingtaine d'années, quand il vint au monde, — en 1643.

quelque temps, était donc âgé de 33 ans, lorsqu'il prit possession de sa cure, en 1676. Il remplit cette fonction, non point pendant plus de *quarante années*, comme on l'a dit et répété à tort, mais pendant *trente-trois ans seulement*, de 1676 à 1709. Ces déductions sont mathématiques.

Le lecteur aimerait, sans doute, à savoir quel était le genre de vie des ancêtres de René Toustain de Billy (1). — Jacques et François furent-ils des employés de l'Etat, ou bien servirent-ils dans les armées du Roi? Nous ne savons. Il est vraisemblable que, retirés dans leur maison de campagne, et n'ayant aucune ambition, ces gentilshommes ne songèrent qu'à arrondir leur patrimoine.

Le Hamel-Aumont (2).

Le Hamel-Aumont, berceau de René Toustain, avait été formé, comme par alluvion, au moyen d'acquisitions successives faites par ses ancêtres, — notamment par Jacques et François, son aïeul et son père, — de 1560 à 1622. Assise au sud du bourg, à la distance d'un kilomètre environ, — près du domaine des de Renty dont elle relevait, — cette propriété occupait une des plus ravissantes situations de la commune qui a mérité de s'appeler Bény-Bocage. A l'époque où la famille de Billy le possédait, Le Hamel-Aumont, était, à vrai dire, un *buen-retiro*. Divers propriétaires l'ont dépecé depuis longtemps, et s'en sont partagé les lambeaux; les anciens bâtiments, disparus ou en ruines, ont été remplacés par des constructions nouvelles. Cependant nous y avons reconnu, tout récemment, les restes d'une maison de maitre.

(1) Nous ne disons rien en ce moment, de Jacques Toustain de Billy, le « chevau-léger. »

(2) Le *Hamel*, variante de hameau; souvent, par euphonie, devant une voyelle. — *Aumont*, « ad montem. »

L'historique du Hamel-Aumont nous procurera d'utiles indications biographiques sur Jacques, François et René Toustain de Billy. — Afin d'écarter autant que possible, des détails arides par eux-mêmes, nous ferons connaître plus tard, en un tableau sommaire, la longue série des actes auxquels la famille Toustain a concouru. L'analyse des quatre documents ci-après suffira pour éclairer d'une vive lumière plusieurs points restés jusqu'ici obscurs ou ignorés.

(*a*) *Echange du 2 déc.* 1598 (1)

... Gilles Lefour du *Bény* cède à *noble homme Jacques Tostain* (sic) sieur de Billy, « a present demeurant en ladite paroisse, » des immeubles sis au Hamel-Aumont, et dépendant de la seigneurie du Bény.

Ainsi, en 1598, Jacques Toustain continue d'habiter au Bény, et il est, de nouveau, qualifié noble.

(*b*) *Achat par François Toustain* — 6 avril 1621 (2).

.. Noble seigneur Messire *Charles de Renty* chevallier baron du lieu et de Landelles et patron de Morigny, Beaumesnil, Saint Romphaire, Fervaches, etc., vend à François Toustain, sieur de la Vallette, une parcelle située au Hamel-Aumont, et lui fait remise du 13me à lui du comme seigneur du Bény.

(*c*) *Achat par François Toustain* — 7 fév. 1622.

... Loisney, fils Richard, vend à François *Toustain*, escuier... des « héritages et mesnages » sis au Hamel-Aumont.

Deux remarques :

Bien que l'acte soit étranger aux de Renty, il est « faict et passé au manoir sieurial du Bény, » par déférence, sans doute, pour le seigneur des contractants (3).

(1) Acte passé au siége de Carville, commune dépendant du canton de Bény-Bocage.

(2) Acte passé à Landelles devant les tabellions de Vire au siége de Pontfarcy.

(3) Le mot *manoir* du mot latin *manere*, demeure. Au moyen-âge, ce mot était synonyme de *château du seigneur*. Le manoir *seigneurial* ou *sicurial* appartenait par préciput à l'aîné. Les actes de foi et d'hommage et autres actes féodaux devaient être faits au *manoir*, chef-lieu du Fief.

Au pied de l'acte de vente, nous voyons un autographe ainsi conçu ;

« J'ay donné le troisiesme du contenu en ce present contrat, sauf nos aultres droits acquitz. Landelles, ce sixiesme juillet mil six cent vingt-deux. Signé : *Ch. de Renty.* »

(*d*) *Vente du Hamel Aumont*, — 28 nov. 1703 (1)

... Noble et discrepte personne Messire René Toustain prestre « curé du Mesnil au parc » SEUL ET UNIQUE HÉRITIER de feu François Toustain escuier sieur de la Vallette..., vend à Thomas Vivien, sieur de la Mare (2), la ferme du Hamel-Aumont.. comprenant quatre maisons ..; plusieurs des parcelles sont contigües *à la maison de Renty*, et l'une d'elles, — en bruyère et bois taillis, — est à prendre dans la bruyère du Bény (3)...

... La vente est consentie avec tous droits, dignitez..., *prérogatives de banc dans l'église du Bény*...

Ainsi les *actes authentiques* dont l'analyse précède nous autorisent à poser comme certains les points ci-après :

En 1703, comme à l'époque de l'échange de 1598, le Hamel-Aumont était voisin du domaine des de Renty, et dépendait de la seigneurie du Bény ; — la filiation que nous avons établie entre l'aïeul, le fils et le petit-fils est parfaitement exacte ; — enfin l'aïeul, le fils et le petit-fils ont possédé, pendant plus d'un

---

(1) Acte reçu par Duchemin notaire royal et garde-notes pour le siége de Bény, Carville et paroisses y annexées.

(2) Thomas Vivien était originaire de Vire.

(3) C'est la parcelle dite *le bois de la ville*.

Détail caractéristique : le savant Daniel Polinière, prieur de l'Hôtel-Dieu de Vire, l'une de nos illustrations, — dans l'un de ses mémoires, — qualifie le curé du Mesnil-Opac « Toustain Bois la Ville, » plus d'un siècle après la mort de ce dernier, ce qui montre qu'il avait été connu sous ce nom.

Il existe, aux mains d'une personne dont je ne suis pas autorisé à révéler le nom, un *petit manuscrit*, dans lequel on lit : « René Toustain de bois la Ville de Billy, né en 1643, vraisemblablement au Bény-Bocage, patrie de son père et domicile de sa famille, d'ancienne chevalerie, baronie de Renty... »

Ce petit manuscrit renferme quelques énonciations inexactes que nous croyons inutile de relever. Ce manuscrit est *postérieur* à Daniel Polinière, notre compatriote, et remonte *à moins de cent ans*, car la dénomination de Bény-Bocage n'a été donnée à la paroisse de Bény qu'après la révolution de 1789.

Intercalé ainsi entre les mots *Toustain* et de *Billy*, le surnom de *Bois-la-Ville* pourrait induire en erreur. D'après l'acte du 28 nov. 1703, le Bois-la-Ville était une parcelle du Hamel-Aumont.

siècle, leur propriété de prédilection, « le Hamel-Aumont. »

Testament de Jacques Toustain, sieur de Billy.

Nous avons passé en revue, pour ainsi dire, les principaux membres de la famille Toustain, et le lecteur connaît les acquisitions, ventes ou échanges auxquels ont figuré Jacques et François Toustain, aïeul et père de René, curé du Mesnil-Opac. Nous croyons avoir justifié les énonciations portées en notre tableau généalogique. Il nous reste à parler maintenant du testament de Jacques Toustain.

Veuillez ne point oublier la date du 6 juin 1621.

Ce jour-là meurt Anne Le Chartier, femme de Jacques Toustain; le même jour il fait son testament.

Voici d'abord l'acte par lequel ce testament fut reconnu (1) :

Fut present François Toustain escuyer sieur de la Vallette de la paroisse du Bény pour luy et faisant fort pour Charles Toustain, sieur de la Goderye, son frère, — *fils et héritiers de Jacques Toustain, sieur de Billy* (2), lequel ledit sieur Vallette a recogneu... comme faict et signé du feu sieur de Billy son père dont le seing est posé au pied du dit escript, comme véritable... renonçant à aller au contraire... et duquel escript la teneur suit :

Le dimanche sixiesme de juin mil six cent vingt et un devant Me Jean Turmel Pbre curé de Beny fut present noble Jacques Toustain sieur de Billy de ladite paroisse du Beny malade de corps et sain de son entendement lequel a faict et ordonné sa dernière volonté ou testament, ainsi qu'il suit : premièrement a recommandé son ame a Dieu et a la bienheureuse Marie et a tous les saints et saintes du paradis, *desirant son corps estre in-*

(1) Acte reçu par les tabellions au siége de Carville.

(2) Chacun s'est fait sans doute, *in petto*, les remarques suivantes : là, il s'agit de la succession de Jacques Toustain; — François Toustain ne figure à l'acte de reconnaissance du testament que *pour lui et pour Charles*, sieur de la Goderie, son frère; — François et Charles sont qualifiés audit acte de reconnaissance, comme *seuls fils et héritiers de Jacques Toustain de cujus*. — Jacques Toustain, sieur de Billy, « le chevau-léger, » inhumé en 1576, au Mesnil-Opac, reste complétement *étranger* à la reconnaissance du testament et au partage de la succession; pourquoi?

humé dans l'église dudit lieu du Beny (1), et qu'il soit légué aux prestres de l'église du Beny pour eulx, les thresors et fabrique d'ycelle la somme de 60 sols a avoyr et prendre sur l'obligation de Collas Bazin dudit lieu, contrat de constitution du 15 juillet 1602 de la somme de 60 sols; il en ira au thresor 20 sols et 40 pour les prestres; au moyen et parce que lesdits prestres et leurs successeurs diront chaque année a l'intention dudit seigneur et de sa femme et de ses parents et amis vivans et trespassés le nombre de cinq messes chantées avec libera..., etc., etc.

Quelques mots encore au sujet de ce testament.

Nous avons sous les yeux la copie textuelle d'un autre acte (22 *mai* 1633) dans lequel François Toustain, sieur de la Vallette, agissant pour Charles, sieur de la Goderie, son frère, et pour son propre compte, avait consenti également l'exécution du testament de FEU Jacques Toustain, sieur de Billy, leur père commun (2). — Sans nous attacher à l'objet principal de cet acte, nous ferons remarquer seulement qu'il se réfère audit *testament passé le* 6 *juin* 1621 *devant Me Jean Turmel ci-devant curé du Bény,* et qu'il en rappelle les dispositions essentielles.

Il est évident, d'après ce qui précède, que Jacques Toustain n'existait plus à l'époque de la reconnaissance de son testament, et, à plus forte raison, *lors de l'acte du* 22 *mai* 1633. Si l'acte de son décès n'est point représenté, c'est que, — comme je l'ai dit déjà, — les registres de l'état civil du Bény ne remontent pas audelà de 1651.

S'agit-il d'apprécier la valeur d'un homme devenu célèbre, d'en faire la biographie, vous cherchez à

(1) Il n'existe aucune pierre ou signe pouvant indiquer, — dans l'église de Bény-Bocage, — l'endroit où le testateur, Jacques Toustain, aurait été inhumé. On croit généralement, nous a-t-il été affirmé, qu'il n'y a jamais eu de tombeau portant son nom. D'ailleurs le *désir* exprimé dans le testament ne parlait que d'*inhumation* dans l'église.

(2) L'acte du 22 mai 1633 fut reçu par les tabellions royaux pour le siége de Carville. — Nous devons des remerciements à Me Hubert, notaire à Bény-Bocage, qui nous a permis, avec la meilleure grâce, de faire des recherches dans ses minutes anciennes, — provenant du tabellionnage de Carville : c'est là que nous avons trouvé l'acte du 22 mai 1633.

connaître non-seulement son origine, ses travaux, mais encore les principaux événements de son enfance et de sa jeunesse. Dans quel milieu René Toustain a-t-il vécu? Où avait-il fait ses études? Faute de renseignements précis sur plusieurs points, nous interrogerons les vraisemblances.

René Toustain voit le jour à la campagne, et passe ses premières années au foyer paternel, sous les yeux de sa mère, son ange gardien. La famille, pendant cette première période de sa vie, est composée de son père, de sa mère, et de ses deux sœurs, Marie-Magdalaine et Isabelle, — ses aînées. Les époux Toustain sont nobles, mais sans prétention; ils vivent, nous l'avons dit, du produit de leurs immeubles, lentement et péniblement augmentés. René est *fils unique* et *seul héritier du nom des Toustain* de cette branche, et sur la tête de ce tout petit enfant, à l'intelligence précoce et vive, reposent les espérances de la famille. — Depuis longtemps il existait entre les seigneurs du Bény (1) et les Toustain, des rapports de très-bon voisinage et même des liens de droit. Admis, bien jeune encore, avec bienveillance dans la maison des de Renty, il y puise, avec la passion du travail et les principes d'une solide éducation, cet amour de la vérité et cette indépendance de caractère que nous re-

---

(1) La seigneurie du Bény appartenait, dès le XIe siècle, à une noble famille de chevaliers du nom de *Maubanc* (Malbenc ou Maldebeng), originaire des environs de Mortain. Un Guillaume *Maubanc*, seigneur du Bény, prit part à la conquête de l'Angleterre, en 1066. — De la famille des Maubanc, la seigneurie passa dans l'illustre et puissante maison des *Carbonnel*, dont l'un des membres fut gouverneur des ville et château de Vire (1495); puis dans la famille des de *Nantier*. *Françoyse de Nantier*, seule héritière, devenue épouse du sieur *de Renty*, gentilhomme de la chambre du roi, reçut, — comme possédant la seigneurie du Bény, — le 13me du en vertu des actes ci-après, auxquels figure Jacques Toustain de Billy : 2 mars 1589, 2 décembre 1595, 12 mars 1596, 14 octobre 1597, 26 septembre 1598, 14 août 1598, 2 décembre 1598...

C'est son fils, *messire Charles marquis de Renty*, qui vendit la « *crière* de haut, » à François Toustain, sieur de la *Vallette*, devant les tabellions royaux de la sergenterie de Pont-Farcy (acte du 6 avril 1621), dont nous donnons l'analyse.

trouvons dans ses travaux historiques et dans tous les actes de sa vie René Toustain aurait-il reçu les premières notions d'un ami, d'un ecclésiastique du voisinage, ou d un précepteur? Ce que nous pouvons affirmer, c'est que le collége de Vire n'ayant été fondé qu'en 1682, n'a point eu l'honneur de le compter au nombre de ses élèves.

Où René Toustain a-t-il fait ses études préparatoires à la prêtrise, ses *études de séminaire?* Où a-t-il été ordonné prêtre? Sa famille demeurant à Bény qui dépendait de Bayeux, il a dû, à moins de motifs sérieux, être ordonné prêtre par l'évêque de son diocèse, conformément à la tradition.

Mais où a-t-il été reçu *docteur en théologie?*

A Paris? Quelques personnes l'ont dit, mais sans en donner la preuve.

(*a*) En réponse à notre lettre adressée au secrétaire de l'Académie de Paris, — M. E. Berret, appariteur de la Faculté de Théologie, a bien voulu nous informer, — d'une part, — que les Archives de la Faculté de théologie en Sorbonne, ne remontent qu'en 1811, et, — d'autre part, — « que les renseignements demandés par nous sur Toustain de Billy se trouvent probablement à la Bibliothèque nationale, rue de Richelieu, où les Archives de cette époque (1660) ont dû être transportées. »

(*b*) Quelques jours après, l'Administrateur-Général, Directeur de la Bibliothèque nationale, l'illustre M. Léopold Delisle, membre de l'Institut, nous fit l'honneur de nous écrire lui-même « qu'il regrettait de ne pouvoir nous donner aucun renseignement sur les écoles qu'a fréquentées Toustain de Billy...; que la Bibliothèque nationale possède bien les manuscrits anciens de la Sorbonne, *mais non pas les Archives de cette maison.* »

(*c*) A Caen, l'Athènes normande, où siégeait la

Veneranda Artium Facultas Universitatis Cadomensis ?

M. Eug. Châtel, conservateur des Archives départementales du Calvados, a bien voulu, avec sa courtoisie habituelle, nous faire savoir..., « qu'il a consulté les Registres de l'Université de Caen répartis par lui précédemment entre les diverses facultés qui la constituaient, et qu'après une vérification minutieuse, faite par lui-même, sur tous les registres, il n'a rien trouvé sur Toustain de Billy (1).

René Toustain eut-il, dès sa première jeunesse, la vocation religieuse, ou bien ne se révéla-t-elle que plus tard? Quoiqu'il en soit, François Toustain, sieur de la Vallette, son père, n'existait plus au moment où il commença ses études théologiques (2). Non pas que nous ayons la pensée que François Toustain eût cherché à contrarier l'inclination de son fils : nous constatons un fait. La mère de René Toustain de Billy, devenue

(1) Le savant Archiviste du Calvados ajoute, il est vrai, que « ... les registres des Attestations et Lettres testimoniales, attestant la présence des étudiants en théologie, ne remontent dans le dépôt des archives qu'en l'année 1682, de sorte qu'il n'a pu découvrir le nom de Toustain de Billy. — René Toustain a dû suivre les cours et prendre les grades de 1664 ou 1665 jusqu'en 1669 ou 1670. » — Quoiqu'il en soit, je suis porté à croire, — je crois, — que c'est à Caen que René Toustain a étudié. En fait, dans le vieux temps, Caen était la lumière, le flambeau du pays. Un *Normand* eût-il abandonné la *Normandie* si facilement, — les grades, « tous les grades, » se prenant à Caen?

(2) On sait que nous n'avons pas l'acte de décès de François Toustain, sieur de la Vallette, époux de Magdelaine de Baudre, dont le mariage eut lieu le 23 nov 1623. Mais, à l'aide de certains rapprochements de dates, nous pouvons fixer, au moins d'une manière approximative, l'époque de la mort de François Toustain. L'acte de mariage (26 août 1653), de Marie Magdelaine Toustain, fille aînée, avec Gilles Eudeline, mentionne le nom de Magdelaine de Baudre, sa mère, sans dire qu'elle soit *veuve*, et aussi sans rappeler l'existence de François Toustain. — L'acte de mariage de la fille cadette, Isabelle Toustain, avec Le Forestier (1666), porte que Magdelaine de Baudre est *vefve* de François Toustain. Mais voici une preuve décisive : les 15 et 25 septembre 1664, René Toustain contracte *personnellement deux emprunts*, devant les tabellions du Tourneur, *avec hypothèque sur le Hamel-Aumont*, devenu sa propriété, par le décès de son père, bien entendu. A cette date (1664), René Toustain n'avait que 21 ans.

veuve (1), fut témoin de sa détermination. Nous croyons très-volontiers que cette dame, bonne et pieuse, vit avec joie son fils « bien-aimé » embrasser l'état ecclésiastique.

Autant qu'il est permis d'en juger par ce qui se passait alors, Toustain de Billy, — ordonné prêtre à 25 ans, pouvait en avoir de 26 à 27, quand il fut reçu docteur en théologie : ce dut être vers les années 1669, 1670. — Que fit-il entre cette dernière date et le commencement de l'année 1676, époque à laquelle il fut nommé curé du Mesnil-Opac? Il n'existe, que nous sachions — aucun fait de nature à nous éclairer d'une manière certaine; toutefois nous donnerons ultérieurement quelques explications à cet égard.

Y aurait-il témérité à exprimer l'idée que René Toustain, songeant, dès cette époque, à se faire oublier, avait, de lui-même, prié son protecteur et ami, le marquis de Renty (2), de lui faire obtenir l'humble bénéfice du Mesnil-Opac, et qu'il n'accepta point les offres plus avantageuses qui durent lui être faites? On n'a pas perdu de vue que l'abbé René Toustain avait exercé, à Bény, plusieurs actes de son ministère à des intervalles rapprochés, et qu'il continua de demeurer dans cette paroisse, comme prêtre habitué, jusqu'au jour où il prit possession de sa cure.

(1) L'acte de naissance de Magdelaine de Baudre nous fait défaut. Mais, au moyen d'un rapprochement de dates, analogue à celui que nous avons fait plusieurs fois déjà, nous sommes arrivé à déterminer l'année où la mère du curé du Mesnil-Opac est venue au monde. Son acte de décès, — dont nous avons donné la copie, — indique qu'elle est morte en 1676, âgée de 72 ans : retranchant 72 de 1676, nous trouvons le chiffre 1604, c'est-à-dire la date de sa naissance. Elle s'était mariée à 19 ans.

(2) Un autre sentiment s'est fait jour sur ce point. « C'est à Paris, a-t-on dit, que Toustain a reçu le titre de docteur, qui lui donnait droit à *une cure de ville*, ou à *la première cure vacante*. Ce titre se déposait chez les notaires apostoliques, et les candidats se recommandaient aux patrons et aux abbayes qu'ils connaissaient spécialement. L'abbaye de Saint-Lo, patronne du Mesnil-Opac, l'aura nommé à cette petite cure, et il y sera resté, parce qu'elle lui procurait des loisirs pour travailler. » — Le lecteur peut choisir entre ces deux opinions.

Ceux qui nous font l'honneur de nous lire désireraient savoir, sans doute, si Mme veuve Toustain de la Vallette accompagna immédiatement son fils au Mesnil-Opac, ou si elle ne l'y rejoignit que plus tard. Consultez votre cœur, leur dirons-nous, et vous n'hésiterez pas à croire que la mère et le fils, — désormais inséparables, — quittèrent ensemble Bény, où les rattachaient pourtant de si doux souvenirs. Ils s'en éloignèrent l'un et l'autre, avec esprit de retour. — Mais l'homme propose, et Dieu dispose... — Mme veuve de la Vallette, enlevée à l'affection de son fils peu de temps après leur arrivée au Mesnil-Opac, avait-elle eu la joie de pouvoir revenir à Bény, pour visiter, une fois encore, la tombe du père de ses enfants?. . — Quant à messire Toustain de Billy, on sait qu'il résidait, à la fois, à Bény où reposait son père, François Toustain, et au Mesnil-Opac, où il avait fermé les yeux à Magdalaine de Baudre, sa mère.

René de Billy a trouvé une paroisse selon son cœur, c'est-à-dire où il pourra faire beaucoup de bien. Son presbytère, une vraie chaumière de village! (1) L'église n'est qu'une sorte de chapelle, sans sacristie. Son premier soin est d'en établir une à ses frais. L'autel et la contretable ne tiennent plus à rien; sous sa direction, et, d'après ses plans, tout est refait, repeint, remis en état. Le bois de la nef est en ruines, il le remplace par du neuf. C'est alors qu'a lieu le « transport de son clocher, » — que nous-même nous aimons à rappeler, et qui, — oserions-nous le dire? flatta si vivement son amour-propre, et comme prêtre et comme

(1) Le presbytère que Toustain avait habité fut restauré après sa mort, et, à plusieurs reprises, sans doute. Il y fut fait, il y a moins de 30 ans, des réparations qui l'ont mis dans l'état où nous le voyons. Sa couverture est toujours en chaume. Au-dessus de la porte d'entrée, on remarque la date « 1676. » Elle rappelle l'année de sa construction, ou l'époque de l'installation du curé du Mesnil-Opac, peut-être l'une et l'autre. Cette date est « son titre de noblesse. »

artiste (1). Tour à tour architecte, surveillant des travaux, notre infatigable curé se fait, au besoin, ouvrier.

Si l'on en croit tous les écrivains, Messire René Toustain, — comme ecclésiastique, — fut un modèle (2). Mais aucun d'eux n'ayant donné, à notre connaissance du moins, des détails biographiques à ce point de vue, qu'il nous soit permis d'ouvrir la marche et d'être un peu plus explicite. Simple dans ses goûts, désintéressé, il s'occupe constamment de ses paroissiens, qui sont pour lui des amis et des frères Ses ressources, — très-minimes d'ailleurs, — il les emploie à des aumônes journalières, et s'il n'a pas laissé de fondations en faveur de son église, il a fait de larges sacrifices pour l'agrandir et la restaurer. Il mourut pauvre. Dans des instructions familières et qui vont au cœur, notre « Docteur en théologie, » sans viser à l'éloquence, expose les vérités élémentaires de l'Évangile à ses bons villageois. — Ennemi du luxe et de ses super-

(1) René Toustain affectionnait *deux clochers* : celui du Mesnil-Opac, le « sien, » et celui de « Bény, » voisin de sa bruyère ; et lui aussi eût pu dire : *J'aime ma bruyère et mon clocher à jour*. — Le clocher de Bény a été mis, — plus tard, — dans l'état où il se trouve, en vertu de délibérations prises en 1742 et années subséquentes.

(2) Le savant et vénéré de Gerville a possédé, nous a-t-il été affirmé, un *manuscrit autographe* de Toustain, qui serait, en ce moment, aux mains d'un érudit. Or, sur la 1re page de ce manuscrit, il existe une *petite notice* de Toustain lui-même : « c'est là qu'est la raison de ses différends avec l'évêque : La Chasse ! » — De ce que Toustain de Billy en parcourant à pied et bien souvent, les campagnes du diocèse pour gagner la ville, aurait abattu un lapin ou un canard des marais, s'ensuit-t-il qu'il eût manqué aux devoirs du sacerdoce ou à des règlements établis ? N'est-il pas possible que le mérite transcendant du curé du Mesnil-Opac lui ait suscité des jaloux, et que quelques-uns d'entre eux le voyant porter une arme, — peut-être pour sa défense personnelle, — en aient tiré la conséquence qu'il était un Nembrod ? — On lit dans Swift : « Quand un vrai génie surgit dans le » monde, on le reconnait à ce signe : tous les sots se liguent » contre lui... » — Au surplus, *in apicibus juris canonici*, ne voulant point mettre le doigt entre l'arbre et l'écorce, je prie le lecteur de se reporter à la justification que le bon curé a pris soin de consigner lui-même dans ce manuscrit.

fluités, le curé du Mesnil-Opac, le « noble homme, » dédaigne d'orner sa demeure... — Telles étaient les pensées qui hantaient notre esprit, à la vue de ce presbytère où il a demeuré pendant trente-trois ans... Nous éprouvions un sentiment de respect et de reconnaissance, en présence de ce vieux bâtiment, — témoin de ses veilles et où il amassa tant et de si précieux trésors! — Sans ajouter de nouveaux traits à ce tableau bien imparfait, — pour nous résumer, — nous dirons : lisez cette page admirable dans laquelle Alphonse de Lamartine a tracé les devoirs du curé de campagne, vous reconnaîtrez que Messire René Toustain de Billy avait parfaitement rempli le programme esquissé par le grand poëte, près de deux siècles plus tard. Nous n'avons pas besoin de rappeler que le vénérable curé du Mesnil-Opac était doublé d'un savant.

Le vide s'était fait autour de Mme veuve François Toustain : sa fille aînée, Mme Eudeline, demeurait à Thorigny, et la cadette, Mme Le Forestier, à Saint-Jean-des-Essarthiers N'est-il pas naturel de croire que l'abbé de Billy, au lieu de rechercher une situation qui fût devenue bientôt brillante et lucrative, revint au Hamel-Aumont, son berceau, et qu'il y partagea son temps entre sa mère, la famille des de Renty et ses études favorites?

Son goût s'était porté, de bonne heure, vers les études historiques, et, dès ce moment, — du moins nous avons toujours eu cette conviction, — *il avait conçu et même commencé à mettre à exécution le projet d'écrire sur le Cotentin* (1).

---

(1) Ultérieurement, nous établirons, *pièces en mains*, à quelle époque Toustain de Billy a *commencé à écrire* son « Histoire Ecclés. du diocèse de Coutances. »

Au cours de notre Notice, nous avons prononcé plusieurs fois le nom des de Renty, qui étaient en même temps les seigneurs du Bény, de Saint-Romphaire, du Mesnil-Opac, etc. La toute petite cure de cette paroisse s'était trouvée vacante. — Comme nous l'avons dit, d'après le système qui nous a paru le mieux fondé, ce fut, sur la présentation du seigneur du Mesnil-Opac, que notre docteur en théologie, — René Toustain de Billy, — en était devenu titulaire (1). C'est à dessein que nous rappelons ici ces détails : lorsqu'il prit possession de sa cure, René Toustain était âgé de 33 ans (2).

Que le curé du Mesnil-Opac n'ait rien laissé à son décès, n'en soyez pas surpris. Les causes de son état de gêne remontaient à une époque éloignée. Jacques Toustain, son aïeul, ayant fait une foule d'acquisitions et d'échanges, s'était obéré. François Toustain, son père, avait aussi acheté beaucoup. Du moment qu'il acceptait la remise du 13me que lui offrait parfois Charles de Renty, c'est que sa situation pécuniaire n'était pas bonne. Après la mort de son père, René Toustain, âgé de 21 ans, contracte deux emprunts (3), pour faire face — probablement — aux premières

---

(1) René Toustain dut sa nomination à l'humble cure du Mesnil-Opac à un puissant protecteur : en effet, *Jacques de Renty*, en 1688, devint Lieutenant-général des armées du roi Louis XIV.

(2) On n'a pas l'acte de naissance de T. de Billy. Mais, cette fois encore, je puis, à l'aide d'un rapprochement, indiquer l'année où il est né. Messire René Toustain est mort en 1709, âgé de 66 ans, d'après l'inscription de son tombeau. En retranchant 66 de 1709, je trouve le chiffre de 1643, qui représente l'année de sa naissance. Ce rapprochement est également d'une rigueur mathématique.

(3) Ces deux actes d'emprunts (15 et 25 sept. 1664), sont mentionnés dans l'acte de vente du Hamel-Aumont du 28 nov. 1703.

dépenses nécessitées par ses études. Ces deux emprunts ne furent remboursés que, près de 40 années après, aux dépens du prix de la vente du Hamel-Aumont. — Ses aumônes, les sacrifices pour son église, ses recherches, les délivrances d'actes et les frais qu'il faisait forcément pour parcourir le Cotentin, aggravèrent, chaque année, sa position. La mère du curé du Mesnil-Opac, alors, n'existait plus...

Le 28 nov. 1703, il vend son Hamel-Aumont.

En nov. 1707, il vend les meubles qu'il s'était réservés, et qui, depuis 4 ans, occupaient la maison dont il avait retenu la jouissance.

Enfin le 8 déc. de la même année (1707), René Toustain aliène ce qui lui reste de son patrimoine.

Moy soubsigné René Toustain de Billy, prêtre, curé de la paroisse du Mesnil-au Parc, *fils et unique héritier* de feu François Toustain, escuyer sieur de la Vallette reconnais avoir vendu... à René de *Baudre* (1) escuyer de la paroisse du Tourneur... une petite mare ou estang, située en ladite paroisse, *au village du Feuillet*, à moy appartenant de la succession de feu mon dit père ;...

... Et fut ycelle cession faite par moy pour payer et récompenser ledit sieur de Baudre de plusieurs grands et importants services qu'il m'a rendus, et pour demeurer quitte envers luy de la somme de 50 livres que je lui debvais...

... Faict aujourd'hui huitième jour de décembre mil sept cent sept;... en cas que ledit sieur de Baudre mourût sans enfants la presente delaissance vertira au profit de damoiselle Marie Briard épouse de Hervé Le Fortier (2) escuyer ou à ses enfants. Faict ce dit jour.

Signé : R. Toustain (3).

---

(1) Le parent, et probablement, le parrain du curé du Mesnil-Opac.

(2) La copie de l'acte de 1707, que j'ai sous les yeux, porte le nom de *Le Fortier*. Mais on lit, *dans le testament de René Toustain* : « Marie Briard, épouse de Hervé Le Fortescu. » Ce nom seul est exact. — Notons que dans l'*acte de décès de la mère de René Toustain*, nous voyons figurer un « Richard Briard. »

(3) Cet acte de vente sous-seing, — *un autographe* — émané de René Toustain lui-même fut déposé, le 11 janvier 1708, en l'étude de Me Jean Guenet, alors notaire à Saint-Romphaire. Ce notariat n'existe plus depuis longtemps.

Quels étaient... « les grands et importants services » dont le curé du Mesnil-Opac voulait payer et récompenser René de Baudre? Le vendeur n'a pas jugé à propos de le dire : respectons son secret — Ce que nous savons, c'est que, en dehors de ces services, René Toustain était le débiteur de René de Baudre.

Une circonstance, — en apparence insignifiante, — produit parfois des effets inattendus.

René de Baudre, l'acquéreur, eut un fils, nommé *Jean-Jacques*, qui, plus tard, vendit la mare du Feuillet à Jacques Pépin, propriétaire au Bény :

> ... Scavoir est une petite portion de terrein, d'environ un quarteron (1), autrefois à *usage de mare à poisson*... au village du Feuillet, et, par le prix principal de 200 livres et 24 livres de vin, ladite portion de terrein relevant et mouvant de la Sainte-Chapelle de Paris, envers laquelle l'acquereur sera tenu de faire et payer tous droits et devoirs seigneuriaux, en cas qu'il en soit du (2).

Cette portion de terrain de l'ancien étang du *Feuillet* est aujourd'hui la propriété de M. Pépin, greffier, comme représentant, par ses ancêtres, l'acquéreur du 11 juillet 1763, et c'est par suite de cet achat que ce dernier se trouva mis en possession de plusieurs *titres et contrats ayant appartenu au curé du Mesnil-Opac et à ses aïeux.*

---

(1) Environ 20 ares.

(2) L'acte de vente consenti le 11 juillet 1763 par le chevalier de Baudre, fils feu René escuyer, à Jacques Pépin fut passé devant le « notaire royal garde-nottes héréditaire en bailliage à Vire pour le siége du Tourneur... »

Mon excursion au Mesnil-Opac.

En suivant les bords enchantés de la Vire, pédestrement et le bâton à la main, — je viens de visiter l'Eglise de Toustain de Billy. La solennité du 7 juin avait été une attraction pour moi, et le compte-rendu des journaux de la Manche et du Calvados n'avait servi qu'à piquer ma curiosité. D'ailleurs, je vivais par la pensée avec René Toustain, depuis trop longtemps, pour ne pas céder au désir d'étudier, par moi-même, les lieux dont le pieux et éminent Curé fut la providence. Il y avait à voir, dans tous leurs détails, l'Eglise, le Presbytère, le Cimetière, les Actes de l'Etat civil, etc. Mais je savais que je pouvais compter sur le bon vouloir et l'intelligence du maire, M. Jacques Lemeray, avec lequel je suis, depuis plusieurs années, en correspondance. Voici mes impressions de voyage : je les publie d'autant plus volontiers, qu'elles se rattachent intimement à l'objet principal de cette Notice, et qu'elles conservent, aujourd'hui encore, toute leur fraîcheur.

Avec quelle joie vous franchissez le seuil de l'Eglise du Mesnil-Opac, — si petite comme monument, si grande par ses souvenirs ! — Tout d'abord, il vous semble apercevoir Messire René Toustain, au milieu de ses paroissiens, et, dans l'humble sanctuaire, vous respirez comme un parfum de vertu et de bonté.

Pénétrez plus avant, cher lecteur : là, vous attendent d'agréables surprises, de non moins douces émotions.

Dans le chœur repose Magdalaine *de Baudre*, veuve de François *Toustain*, sieur de la *Valette*. La mère et le fils sont à côté l'un de l'autre pour toujours!... La tombe du curé du Mesnil-Opac portait une inscription. Aucun signe n'indique l'endroit du chœur, où est la sépulture de la mère de Toustain, du côté de l'*Epistre*, où il fut inhumé. Le tombeau de Toustain de Billy n'a jamais occupé dans l'Eglise d'autre place que celle où il repose actuellement. La mère du curé du Mesnil-Opac est donc tout près de ce dernier, puisque l'acte de décès dressé et signé par lui-même constate qu'elle a été enterrée dans le chœur de l'Eglise, du côté de l'*Epistre*.

Le Livre d'Or du Mesnil-Opac.

Aujourd'hui, nous avons pu tenir en nos mains le *Livre de Toustain*, ce manuscrit qu'il rédigeait lui-même.

Avant de révéler les pensées intimes que le bon curé confiait aux registres de l'Etat civil, comme à un ami, nous compléterons ce qui nous reste à dire sur ce problème historique : en quelle année, au plus tôt, s'est-il installé au Mesnil-Opac ?

Le premier acte auquel René Toustain ait figuré ne remonte pas au-delà de 1676. Le 5 janvier 1675, il est vrai, un acte est signé par Mre Pinel prêtre, desservant en l'absence « du sieur Curé audit lieu », et le 26 du même mois un autre acte est signé, très-probablement aussi, par le même ecclésiastique. Mais le papier est déchiré, et l'on trouve, « dans d'autres actes postérieurs au 26 janvier 1675 », une signature « Lemoussu Prestre ». On ne saurait donc affirmer, — d'après les registres eux-mêmes du Mesnil-Opac, — que Toustain soit devenu le curé de cette paroisse, en l'année 1675, quoiqu'il passe, suivant une tradition généralement reçue, mais qu'aucun document ne justifie, pour y avoir rempli cette fonction pendant au moins 40 ans, ce qui nous reporterait à 1669, puisqu'il est mort en 1709. Nous persistons à dire que René Toustain a pris possession de la cure du Mesnil-Opac, — seulement vers les premiers temps de l'année 1676 (1). C'est la date de l'acte que nous reproduisons plus bas. — Un autre fait, connu déjà du lecteur, nous confirme dans ce sentiment : on sait, d'après le relevé des registres de l'Etat civil du Bény, que Toustain a exercé, en cette commune, quatre actes de son ministère en l'année 1675.

Je ne ferai connaître que ceux des actes que son cœur lui dictait. On voit qu'il est heureux d'inscrire sur son « registre » le nom des bienfaiteurs de son église et celui de ses auxiliaires, peintres, menuisiers et charpentiers. Avec quel soin pieux il donne un souvenir à « ses maçons de la paroisse du Bény, — du Bény où il est par la pensée, quand il n'y réside pas réellement !

Il survient parfois dans la vie de l'homme comme dans la vie des peuples, des événements qu'on n'oublie jamais, tant fut vive la première impression reçue ! En l'an de grâce 1680, le curé du Mesnil-Opac passa beaucoup de nuits sans sommeil... — Une idée fixe l'obsède : transporter, tout d'une pièce, au bas de la nef de l'église, le clocher qui est au milieu. Il n'a sous la main ni un Flachat, ni un Violet-Leduc. Mais une inspiration lui est venue (2).

Un beau matin, grand émoi dans le village. A un signal donné par René Toustain, le clocher se soulève, se met en mouvement, et, après une marche aérienne de courte durée, il est en place ! — Pour engins, des leviers seulement ! Pas une ardoise du clocher n'a été détachée !!

(1) Une coïncidence : nous rappelons que cette date est précisément celle qu'on voit sur la porte du presbytère.

(2) A première vue, nous avons compris la nécessité de déplacer le clocher, — opération que beaucoup de personnes considéraient comme l'effet d'un caprice.

Dans l'origine, l'église n'était qu'une sorte de nef, sans sacristie, ni chapelles latérales. Le clocher se trouvant au milieu de l'édifice, — c'est-à-dire entre la partie inférieure du chœur et la partie supérieure de la nef, les sonneurs, à chaque instant, distrayaient les fidèles, gênaient la circulation et entravaient les exercices religieux...

C'est messire Toustain qui nous l'assure : comment dire : Non ? — D'ailleurs, c'est la foi qui sauve... — A peine oserions-nous émettre la pensée qu'à cette époque le clocher de l'église du Mesnil-Opac pouvait bien n'être qu'une petite campanille. Mais, pendant l'opération qu'advint-il de la « Georges d'Amboise du lieu » ? René Toustain n'en parle pas, — par modestie, croyons-nous. Quoiqu'il en soit, « mes enfants dit-il à ses paroissiens, cessez de me féliciter ; remercions Dieu dont je ne suis que l'indigne ministre... » Puis, levant les yeux vers le ciel, il ajoute : « Dieu seul a tout fait !!! » Déjà un carillon, répété cent fois, annonçait à toute la contrée l'allégresse des bons villageois, et célébrait le triomphe de leur vénérable pasteur, Ce jour-là fut l'un des plus beaux de sa vie...

On lit aux Registres du Mesnil-Opac :

Acte de baptême de Pierre Auvray, fils d'Abraham et de Marguerite Auber, son épouse, 6 fév. 1676.

En cette année (1677), moy soussigné curé dudit lieu ay fait faire la sacristie à mes frais de la manière qu'elle est. Le nommé Nicolas Legendre, de la paroisse du Bény, ses enfants et Michel Viel, aussi dudit lieu, ont fait le massonnage (sic ; Jean et Macé Pien frères, de cette paroisse ont fait le bois.

Signé : R. Toustain.

En 1680, on a fait de neuf le bois de la nef, le bois a été donné par les principaulx des paroissiens entre lesquels Philippe Le Valois... La façon a été payée partie par le thrésor et par moy soussigné, curé dudit lieu.

« Item en cette même année, le clocher qui estoit au milieu » de l'église, a été transporté tout entier, et sans qu'il en soit » détaché une seule ardoise, au bas de la nef, au lieu où il est, » par le moyen de leviers, et le tout à mes frais. »

Signé : R. Toustain.

En 1679, la contretable a été peinte à mes frais de moy curé soussigné par Me Pierre .... sieur Des Jardins, peintre de Valogne, et le tableau est demeuré imparfait par la maladie du peintre...

Philippe Le Vallois, escuier, sr du Brisoult, a fait achever la chapelle (chapelle S. Herme).

Jean Sebert, menuisier, du Mesnil-Herman a fait l'autel et la contretable ; le susdit Les Jardins l'a peinte. Elle fut solennellement bénite le dimanche suivant, le jour S. Herme qui estoit cette année le 1er septembre, par noble homme Me Gauthier, prêtre, curé de Notre-Dame de Thorigny, commissaire député à ce sujet... etc.

Signé : RENÉ TOUSTAIN.

« Le onze février 1709, Toustain de Billy a signé l'acte d'inhumation d'un nommé Jacques Legrand, de Saint-Romphaire, décédé du jour précédent au presbytère dudit lieu, » Le Mesnil-Opac.

« Le 9e jour d'avril René Toustain a signé l'acte de mariage de François Levallois, escuier, fils de .... — comme consentant à ce que ledit mariage fût célébré par un autre prêtre, — vu son empêchement... »

Quand il a donné cette signature, Toustain était atteint de la maladie dont il est mort (17 avril 1709).

Nous avons trouvé, dans les actes de décès, — cet état civil du temps, — l'acte d'inhumation de la mère de René Toustain, écrit par lui-même.

Acte de décès de Madeleine de Baudre, veuve de François Toustain, sieur de la Vallette.

« Le vingt neuvième jour dudit mois de septembre audit an » (1676) sur les onze heures du matin decès de damoiselle Madelaine de *Baudre*, angée de soixante et douze ans, veusve de » feu François Toustain vivant escr sr de la Vallette, de *la paroisse du Bény, élection de Vire*, et fut le lendemain inhumé » dans le chœur de l'église dudit lieu du Mesnil-Opac, *du côté* » *de l'épistre*, par discrete personne Mre Thomas Manvieu pbre » curé de Tresgo presence de Benedic Betou, escr sieur de Bricqueville, Philippe Le Valois escr sieur de Brisoult, Richard » Briard, Jean Havin et autres. »

Signé : TOUSTAIN etc.

Pour copie conforme

Le maire du Mesnil-Opac

Signé : J. LEMERAY.

Nous voici maintenant tout près de l'endroit où repose le curé du Mesnil-Opac. En lui faisant hommage d'un respectueux souvenir, nous murmurions, à mi-voix, ces nobles paroles :

« ... *Sta, viator, heroem calcas* ».

Le tombeau de T. de Billy, placé dans le chœur de l'église, est recouvert d'une pierre en granit, — longue de 2 m , et large de 80 cent. C'est à la partie supérieure qu'on avait gravé les armoiries du défunt. L'inscription était en relief, et plusieurs parties étaient devenues illisibles. L'effacement de certains mots était dû au frottement continuel des chaussures ferrées sur la pierre, que ses successeurs n'avaient pas pris soin de protéger. De l'autre côté du chœur, il existe une sépulture de 1655, mais avec cette différence que les lettres de ce dernier monument sont gravées *en creux*. On avait fait, sans succès, des recherches pour recomposer en entier l'inscription du tombeau de T. de Billy ; mais, à la fin cependant, à force d'essais, et à l'aide du *Livre du curé du Mesnil-Opac*, qui est à la mairie, l'épitaphe a pu être reconstituée.

A cette occasion, j'ouvre une parenthèse... « Ne » soyez point dédaigneux envers le passé, si vous » voulez que l'avenir ne vous oublie pas. Aussi bien » chaque génération a-t-elle des devoirs multiples à » remplir. A peine de déchoir, il lui incombe de con» server et de transmettre la mémoire de ce qu'ont » laissé d'utile, de grand et de beau, celles qui l'ont » précédée, afin que cet héritage moral et intellec» tuel puisse profiter aux générations qui suivront. » C'est là ce que nous appelons le *Culte des Souve» nirs*, et c'est en ce sens que les hommes doivent » être considérés comme solidaires les uns des » autres... »

Le Livre des Souvenirs.

Je voudrais qu'on établît, sans retard, dans chaque commune de la France, un *livre d'un caractère spécial*, dont un exemplaire resterait déposé aux Archives municipales, et un autre aux mains de la Fabrique (1). — Dans ce livre, dressé par MM. les maires et curés de chaque commune, avec le concours de MM. les instituteurs, on ferait figurer, comme dans un *inventaire* ou *état descriptif*, les tombeaux et les pierres tumulaires que renferme chaque église, chaque cimetière, avec les détails dignes d'intérêt, aux points de vue religieux et historique : *inscriptions*, *épitaphes*, *dessins des portraits* et des *monuments*, ou autres *ornements* gravés dans la pierre, ou qui l'encadrent ; *écus blasonnés*, *descriptions des cloches*, *etc.* — Voyez que de richesses historiques et archéologiques, aujourd'hui perdues pour toujours, nous eussent été conservées si ce petit *Livre des Souvenirs* eût existé, depuis un siècle seulement, dans chacune de nos communes ! Nous serions heureux si notre voix était entendue, et si l'initiative de cette création émanait d'une de nos communes Viroises (2).

Mais qu'on se hâte !! Les adjudicataires et les maçons, — ces ennemis jurés de l'antiquité, — sont à nos portes, et nous voyons peu à peu « le pavé historique et religieux » disparaître de nos églises.

On a fait observer avec infiniment de raison que... « le badigeon qui les envahit est, non-seulement un » non-sens, mais une profanation. . — Les restaura- » tions inintelligentes sont presque aussi funestes que

---

(1) Vouloir appliquer notre idée, comme l'a fait le promoteur de tant de mesures fécondes, M. de CAUMONT, dans son admirable ouvrage *Statistique monumentale du Calvados*, à tel département, à telle commune, à telle église, à tels ou tels tombeaux ou autres monuments analogues, cela ne remplirait nullement le but que nous poursuivons. Ce que je demande, c'est une « mesure universelle, » c'est que « chacun travaille chez soi, » c'est que « toute commune » puisse, sans frais, ni déplacements, recueillir, dans ce *Livre d'Or*, tout ce qui mérite d'être conservé. Ainsi divisé et dévolu à chaque commune, le travail sera facile...

Cette idée est applicable, non-seulement pour le *passé*, mais pour l'*avenir ;* non-seulement en France, mais dans tous les pays...

(2) Nous nous plaisons à croire que si cette idée était soumise à MONSIEUR LE MINISTRE DE L'INSTRUCTION PUBLIQUE, MM. les Inspecteurs des écoles primaires recevraient mission de favoriser et de surveiller la création du *Livre du Souvenir*....

» les destructions, et s'il est un vandalisme qui dé- » truit, il en est un autre qui, sous le nom de *restau-* » *rateur* et *d'embellisseur*, mutile, souille et altère » tout ce qu'il touche (1)... — Il n'est pas décent de » jouer avec les tombeaux, et c'est manquer à ce » qu'on doit aux morts, que de les priver de la » pierre qui les recommandait à la prière des fidè- » les (2) .. »

Mais qu'eût dit l'éminent abbé auquel nous empruntons cette citation, s'il eût vu, dans certaines communes, des pierres tumulaires, gisant en désordre, mutilées ou employées à faire des escaliers servant au public?...

Fermons la parenthèse.

En face du tombeau de T. de Billy, contre le mur de l'église, apparaît le *marbre commémoratif* (3) que la Société d'Archéologie a eu l'excellente pensée d'y ériger. Cette Notice serait incomplète, si nous n'y faisions figurer, comme dans un tableau d'honneur, la reproduction de deux documents d'une importance capitale, ENCORE INÉDITS : nous parlons de l' « inscription » gravée sur la plaque commémorative, et du « procès-verbal » dressé lors de son inauguration.

---

(1) Ces magnifiques paroles, conformes à l'opinion du fondateur de l'Archéologie Française, M. de CAUMONT, et de toutes les personnes de goût, appartiennent à M. l'abbé BOURASSÉ, chanoine de Tours, professeur d'archéologie chrétienne...

(2) Nous venons de relire les *aphorismes* ou *commandements* de la Société Française pour la conservation des monuments.
« Vous ne couvrirez pas les murs de peintures, porte l'un » d'eux, et vous ne les salirez jamais de badigeon.
» Une fabrique qui badigeonne son église, et qui encrasse » ainsi les moulures qui la décorent, sous prétexte de la rendre » plus *décente*, mérite la réprimande de l'évêque et du conseil » municipal de la commune, puisqu'elle diminue la valeur de » l'édifice qui lui est confié, et qui est une propriété commu- » nale... »

(3) La pierre qui restitue l'épitaphe porte la date de 1882; mais si elle a été faite en 1882, elle n'a été érigée qu'en 1883, — 7 juin, — contre le mur de l'église.

***

(a) **RESTITUTION**

PAR LA

Société d'Archéologie de la Manche

De l'Epitaphe du Savant HISTORIEN

Curé de ce lieu.

1882 (1)

CY GIT NOBLE
ET DISCRETE
PERSONNE RE
NÉ TOUSTAIN
PRESTRE DOC
TEVR EN THE
EV

OLOGIE, CVRÉ
DE CE LIEV, LE
QVEL DÉCÉDA
LE 7 AURIL
1709, AGÉ DE 66
ANS, PRIEZ DI
POVR LVI

Grâce à l'obligeance de M. le maire (2), j'ai pu copier, sur l'un des originaux déposé aux archives du Mesnil-Opac, le *procès-verbal* de la solennité du 7 juin.

Rédigé avec une irréprochable netteté, cet acte, en même temps qu'il met en relief les hautes qualités morales de René Toustain de Billy et les éminents services qu'il a rendus à l'histoire de la Basse-Normandie, fait le plus grand honneur à la science et au goût de la personne dont il émane.

---

(1) Nous rappelons que les *armoiries* de René *Toustain* sont gravées sur le *marbre commémoratif* entre le chiffre millésime 1882 et la reproduction de l'ancienne inscription tumulaire, commençant par ces mots : « Cy gît .. »

(2) Le maire du Mesnil-Opac, M. Jacques *Lemeray*, nous a servi de guide. Nous lui devons la communication des registres de l'état civil, et les plus précieux renseignements. Qu'il veuille bien agréer ce témoignage public de notre reconnaissance.

SOCIÉTÉ

d'Agriculture, d'Archéologie et d'Histoire Naturelle

Du Département de la Manche

Procès-Verbal

« L'an mil huit cent quatre-vingt-trois, le jeudi 7 juin, avec l'assentiment de MM. Lemeray, maire du Mesnil-Opac, et Desvages, curé de la paroisse de ce nom, une *plaque de marbre* portant la RESTITUTION LITTÉRALE de l'*inscription funéraire* de *messire René* TOUSTAIN de BILLY, curé du Mesnil-Opac, a été placée, par les soins de la Société d'Agriculture, d'Archéologie et d'Histoire Naturelle de la Manche, contre le mur méridional de l'église, du côté de l'épître, immédiatement au-dessous de la tombe de l'historien du Cotentin, de ses Villes et de ses Évêques.

» La pose de ce marbre, destiné à perpétuer le souvenir du savant distingué et consciencieux qui, le premier, a recueilli et mis en ordre ainsi qu'en lumière, les documents jusqu'alors épars de l'histoire locale, a eu lieu en présence des membres de la Société dont les noms suivent :

» MM. Th. *Elie*, conseiller municipal de Saint-Lo, Président;
Blanchet, curé de Sainte-Croix, Vice-Président;
Péroche, directeur des contributions indirectes, Vice-Président;
Payen de la *Garanderie*, ancien magistrat;
Gabriel *Lecreps*, propriétaire;
P. *Lanvoisey*, de l'Oratoire, professeur au collége;
P. *Morel*, id., prof. au coll. diocésain de Saint-Lo;
A. *Levatois*, avocat;
J. *Elie*, négociant;
Derbois, ancien professeur;
A. *Matinée*, ancien proviseur;
Lepingard, Secrétaire;

» Lesquels ont signé le procès-verbal avec MM. *Lemeray*, maire, et *Desvages*, curé du Mesnil-Opac.

» *Fait triple* pour être déposé aux archives de la MAIRIE et de la FABRIQUE de l'église du Mesnil-Opac, ainsi qu'à celles de la SOCIÉTÉ d'Agriculture, d'Archéologie et d'Histoire Naturelle de la Manche. »

Suivent les signatures.....................................
....

***

On sait quelle vénération la Société d'Archéologie de la Manche professe pour T. de Billy. Mais, afin de faire bien connaître le caractère de la solennité du 7 juin, et ses conséquences dans le présent et pour l'avenir, je reproduis, — comme documents historiques, — un remarquable article publié par le « Moniteur du Calvados (1), » et un compte-rendu, également fort bien rédigé, qui a paru dans le « Messager de la Manche (2). »

Moniteur du Calvados. Manche : « La Société d'Archéologie de la Manche ayant constaté en l'église du Mesnil-Opac, canton de Tessy-sur-Vire, que l'épitaphe du savant historien Toustain de Billy, ancien curé de cette paroisse, était en grande partie effacée par le temps, vient d'avoir l'excellente pensée de la rétablir sur les murs intérieurs de la petite église. Un marbre richement disposé va donc faire revivre dans le pays la mémoire de cet homme de bien, de cet infatigable travailleur qui mourut « plein d'amour et de foi, » et dont le testament est un monument magnifique de résignation et de bonté.

» Selon les désirs, d'ailleurs parfaitement convenables de la Société, un service religieux a été célébré au Mesnil-Opac, à l'occasion de cette fête archéologique, le jeudi 7 juin, et avant l'absoute le panégyrique de l'illustre défunt, sortant de la bouche éloquente de M. l'abbé *Blanchet*, curé de Sainte-Croix de Saint-Lo, membre de la Société d'Archéologie (3), imprimait profondément chez les habitants du lieu, venus en grand nombre à l'inauguration du marbre commémoratif, le souvenir du docteur en théologie, dont le nom retentit depuis si longtemps de toutes parts dans la Manche et les départements voisins.

» Le marbre en question, à ses armoiries, fait d'abord mention de la restitution de l'épitaphe de l'illustre chroniqueur, puis on y lit ce qui suit selon l'orthographe du temps :

» Cy git noble et discrete personne René Toustain,
» prestre, doctevr en théologie, cvré de ce liev, lequel
» décéda le 7 auril 1709, âgé de 66 ans. Priez Diev
» pour lvi »

« Parler de cette cérémonie qui avait son double cachet, c'est rendre hommage à une Société savante qui ne veut pas laisser dans l'oubli le passé, c'est, en même temps mettre en relief le bon esprit d'une population intelligente et reconnais-

---

(1) 10 et 11 juin 1883.

(2) 16 juin 1883.

(3) Si les paroles de l'éminent panégyriste qui a célébré avec tant d'autorité les mérites et les vertus du curé du Mesnil-Opac n'ont pas été sténographiées, il importe à la gloire de René Toustain qu'elles soient recueillies : ces admirables paroles n'appartiennent plus à l'orateur qui les a prononcées... — Nous regrettons vivement de ne pouvoir en donner même une simple analyse...

sante; c'est enfin, dans le temps présent, une bonne nouvelle à publier par la voie de la presse, dont l'importance ne saurait, bien entendu, échapper à personne. »

Messager de la Manche. « L'église du Mesnil-Opac, petite commune de l'arrondissement de Saint-Lo, située à quelques kilomètres au sud de Saint-Romphaire, a des titres qui la rendent chère à l'historien, à l'archéologue, ainsi qu'à tout homme aimant son pays. Elle abrite les restes mortels de messire René Toustain de Billy, ancien curé du lieu, l'auteur aussi savant que consciencieux de mémoires fort étendus et très appréciés sur le Cotentin, ses Villes et ses Evêques. La tombe de cet homme de mérite qui fut aussi un bon prêtre, est placée dans le chœur, du côté de l'épître.

» A l'origine, elle portait une inscription surmontée d'armoiries; mais le temps, aidé par l'insouciance des générations passées, a presque tout effacé, en sorte que bientôt il n'eût plus été possible de connaître le nom de celui qui repose sous cette dalle silencieuse, si, par une bonne inspiration, *la Société d'Archéologie de Saint-Lo* n'eût repris et mené à bonne fin, sur la proposition de M. *A. de la Garanderie*, l'un de ses membres, le projet, depuis longtemps conçu (1), de conserver à la postérité le nom de Toustain de Billy, en plaçant près du tombeau de ce savant curé un marbre reproduisant son épitaphe.

» La pose de ce petit monument, effectuée au milieu d'une population empressée et recueillie, a eu lieu le 7 juin courant par le Président de l'Association, M. *Th. Elie*, assisté de plusieurs de ses collègues, en présence des autorités locales qui ont montré le plus grand bon vouloir à seconder le projet de la Société Archéologique.

» Un service funèbre a été célébré ensuite pour le repos de l'âme de Toustain de Billy par le vénérable curé du Mesnil-Opac, M. l'abbé Desvages.

» Avant l'absoute, M. le *curé de Sainte-Croix de Saint-Lo*, un des vice-présidents de l'association, a prononcé le panégyrique du défunt. Il l'a fait avec la profondeur et la sûreté de vues, avec le tact et le succès de la parole qui lui sont habituels, envisageant Toustain de Billy, comme prêtre, comme savant,

---

(1) En effet, il avait été question en 1876 à la « *Société Académique du Cotentin*, séant à Coutances, » et ce à l'instigation de M. de la Garanderie, ancien maire du Mesnil-Opac, et juge de paix de Tessy, membre alors correspondant de cette compagnie, de placer sur le mur intérieur de l'église une inscription devant rappeler à la postérité le nom de T. de Billy; mais il ne fut pas donné suite à cette affaire à cause de la maladie prolongée et de la mort du Président de cette savante Société. C'est, dans cet état des choses, que — plus tard — cette même idée reproduite à « Saint-Lo » par M. de la Garanderie, devenu membre de la Société Archéologique de la Manche, a pu heureusement aboutir le 7 juin 1883 par la pose d'un marbre commémoratif.

comme historien. N'eût été la sainteté du lieu, son discours eût été couvert d'applaudissements bien mérités.

» Grâce à cette cérémonie, grâce au marbre commémoratif érigé au Mesnil-Opac, le souvenir de l'éminent historien du Cotentin aura conquis un nouveau regain de notoriété publique. La science historique, le pays tout entier, on peut en être sûr, en sauront gré à l'initiative de la Société Archéologique de Saint-Lo. »

Oui! « le pays tout entier » ne saurait que remercier la Société d'Archéologie de la Manche de l'hommage qu'elle vient de rendre à la mémoire du curé du Mesnil-Opac, le glorieux fils adoptif du Cotentin. L'arrondissement de Vire qui a vu naître René Toustain de Billy s'empressera de l'inscrire désormais au nombre de ses illustrations. En attendant cet acte de justice, qu'il nous soit permis de déposer pieusement, — nous-même, — une couronne sur la tombe de « *notre héros commun...* »

Notre excursion à travers les plantureuses campagnes du canton de Tessy-sur-Vire est finie. Chacune des communes que nous avons explorées, chemin faisant, nous laisse d'agréables souvenirs; mais c'est vers la plus humble, — vers le Mesnil-Opac, — que notre pensée se reporte le plus volontiers. Dominant les paroisses voisines, et encadré, pour ainsi parler, dans d'épais ombrages, comme un nid d'oiseaux sous la verdure, le Mesnil-Opac offre des surprises dont l'agrément est doublé par le plaisir de la découverte. C'est qu'en effet c'est un pays à découvrir que ce petit coin du département de la Manche, — l'un des plus riches de la France, — où les amis et les admirateurs de René Toustain ont seuls commencé à pénétrer... Le terrain ondule mollement, coupé çà et là par des bois placés comme à dessein pour rompre la monotonie des plaines. Notre promenade au sein de ces bocages est d'un charme pénétrant, l'air qu'on y respire est pur, et l'on foule du pied un sol historique.

En jetant un dernier regard sur le Mesnil-Opac, ce

n'est point « adieu, » mais « au revoir, » que nous disons à l'église et au presbytère du vénérable curé.

Il faut étudier un auteur dans son esprit, dans son cœur, dans ses manières et même dans ses manies, pour en faire l'histoire. En essayant d'esquisser la biographie de T. de Billy, j'ai rencontré bien souvent des obstacles sur ma route : je ne trouvais rien, ni dans les écrivains venus quelque temps après lui, ni dans les grandes biographies du XIXe siècle.

Le curé du Mesnil-Opac, pendant de longues années, parut oublié; aujourd'hui encore sa vie n'est pas bien connue. Il ne faisait point imprimer ses œuvres. Sans doute, dès le principe, ses manuscrits furent avidement recherchés en France et à l'étranger; on s'en disputa, si je puis dire, les copies, et plusieurs historiens ont fait de larges emprunts à ses mémoires, mais en prenant soin de ne pas citer son nom.

Que depuis environ cinquante ans, il y ait eu de nobles efforts pour remettre en lumière la sympathique figure du curé du Mesnil-Opac, nous le savons, et, dans notre travail, nous nous plaisons à les signaler. En ces matières, la règle invariable est celle-ci : SUUM CUIQUE!

Au point de vue biographique proprement dit, tout, ce semble, reste à faire, et, en l'absence de documents venus du dehors, si nous tentions de tracer le portrait de T. de Billy, nous devrions nous adresser à Toustain de Billy lui-même : nous interrogerions ses travaux historiques et archéologiques, — son « Registre » que nous avons appelé le « Livre d'Or du Mesnil-Opac (1), » et quelques-uns de ses écrits d'un caractère plus intime. En réunissant les traits épars que

(1) Je dirai plus tard quelles mesures il serait nécessaire de prendre pour que ce précieux « Memento, » ce « Livre » dans lequel Toustain a consigné ses pensées — jour par jour, — ne soit pas détérioré par l'humidité, ou dévoré par le temps et la poussière.

nous aurait procurés cette recherche, peut-être arriverions-nous à présenter, avec un certain caractère de vérité, la photographie morale de René Toustain. Quoiqu'il en soit, comptant sur toute la bienveillance du lecteur, nous essaierons d'étudier, aux points de vue biographique et bibliographique à la fois, les écrits et les mémoires que nous a légués l'éminent historien. Nous l'avons dit dès le principe : cette étude qui nous est inspirée par un savant, — René Toustain, — ne saurait avoir pour but unique de plaire : *elle doit instruire.*

Revue comparative des « Manuscrits Originaux » et de leurs « Copies manuscrites, » — de T. de Billy.

C'est une idée féconde que celle qui consiste à grouper en un volume les écrivains d'une ville ou d'un département, et à faire suivre leur nom d'une courte notice indiquant l'origine de chacun d'eux, sa profession, le titre de ses ouvrages, etc. Ces sortes de *catalogues* ou *inventaires*, en faveur aujourd'hui, permettent d'embrasser d'un coup d'œil les richesses intellectuelles de tout un pays. Mais s'agit-il de faire connaître un livre, un manuscrit, une copie de manuscrit, les formules vagues et la description de l'état matériel ne suffisent plus, surtout si l'œuvre à apprécier est complexe. A notre sens, il faut se mettre autant que possible dans la disposition d'esprit où se trouvait l'auteur, quand il a tracé ses grandes lignes, et, pour se rendre vraiment utile, on doit au moins, à défaut d'une analyse, indiquer avec soin le *titre des chapitres* ou *la table des matières.*

J'entreprends un travail qui jusqu'à ce jour n'a été fait par personne, je crois, c'est-à-dire un *tableau* ou *examen comparatif* des « Manuscrits » et des « Copies manuscrites » de René Toustain. Le sujet est vaste, hérissé de difficultés, mais plein d'aperçus nouveaux, instructifs et d'un haut intérêt.

Avant de mentionner les établissements et les personnes qui possèdent des *Manuscrits autographes* ou des *Copies manuscrites* des *Mémoires* de T. de Billy, nous tenons à présenter plusieurs observations générales pour l'intelligence des développements ultérieurs.

A. Je vais publier, d'après M. *Léopold* DELISLE, (1) la *Note très-complète*, ENCORE INÉDITE, des *Manuscrits autographes* de T. de Billy qui sont à la Bibliot. nationale.

B. Elle possède comme « Manuscrits originaux » du curé du Mesnil-Opac l'*Histoire civile du Cotentin*, et, en outre, quelques *Mémoires* ou *Traités spéciaux*.

C. Nous pouvons affirmer, *d'une manière certaine*, que T. de Billy a envoyé à Foucault, *en deux fois*, aux dates suivantes, les manuscrits originaux ci-après :

« Les « Recherches pour l'Histoire de la ville de Saint-Lo, le . . . . 11 fév. 1705.

» Les Fol., dont nous donnons ultérieurement l'énumération, et compris dans les ms français 4900, le . . . . 20 août 1706.

» Quelques autres *manuscrits* et *papiers autographes* d'un moindre intérêt, que possède la Bibl. nationale, avaient été également envoyés à Foucault, sans que nous puissions dire à quelle date. »

D. La Bibl. de la rue de Richelieu n'a jamais eu le « manuscrit original » de l'*Histoire Ecclésiast.* du diocèse de Coutances, — Vies des Evêques, — et ce

(1) Nous ne saurions comment exprimer toute notre gratitude à l'illustre Administrateur-général, Directeur, de la Bibl. nationale que nous appellerions volontiers la « Providence des humbles qui cherchent et qui travaillent. » M. Léopold Delisle a daigné mettre à notre disposition, pour ainsi dire, les trésors qui lui sont confiés, en transcrivant et en nous faisant parvenir — lui-même — les plus précieux documents concernant les *Mémoires* de T. de Billy.

n'est que de nos jours (1) qu'elle a été mise en possession d'une *Copie* de cet ouvrage (2).

E. On confond quelquefois, mais à tort, l'*Hist. Ecclés.* du diocèse de Coutances, « Vies des Evêques, » avec l'*Histoire du Gouvernement Ecclés.* et *des Rits de l'Eglise de Coutances,* qui, dans la « Copie manuscrite de Caen, » se trouve à la suite de l'*Histoire Civile du Cotentin,* villes et principales localités du diocèse de Coutances.

F. Il existe beaucoup de *Copies manuscrites* de l'*Histoire Ecclésiast.* du diocèse de Coutances.

Où est l'Original ? (3) — Ce trésor existe-t-il toujours ? Quand et comment aurait-il disparu ? — Questions que, dans l'état actuel de la science bibliographique, il est très-difficile, sinon impossible, de résoudre.

G. *Recueil des Chartes.* Ces chartes paraissent perdues en majeure partie. Sans entrer dans d'inutiles détails, nous prions nos lecteurs de se reporter à la note de M. de Gerville sous l'alinéa qui précède. Cependant il en existe encore un certain nombre à la Bibl. nationale, Ms français 4901 Fol. 1—58.

---

(1) Lettres de M. Léopold *Delisle.*

(2) Cette *Copie de l'Histoire des Evêques* a été faite par M *Dubosc,* ancien Archiviste de la Manche.

(3) M. F. *Dolbet,* neveu du vénéré M. de Gerville, *dont il possède les papiers,* a bien voulu nous donner, avec une parfaite courtoisie, de précieuses indications. Le savant Archiviste du département de la Manche « ... pense, contrairement à l'opinion » de plusieurs bibliographes, que M. de Gerville *n'a jamais* » *possédé le manuscrit original de l'Histoire des Evêques...* » « M. Dolbet lui-même s'est servi d'une *Copie* pour sa publica- » tion de l'*Histoire ecclésiastique* du diocèse de Coutances. »

M. Dolbet ajoute : ..... Je vois dans une première note de mon oncle, — dont voici la copie — que le 25 juin 1820, M. Bonté-Martinière, possédait les « *Manuscrits autographes.* » — M. de Gerville dit ensuite : « Dans son *Histoire des Evêques,* « l'auteur (T de Billy) renvoie souvent à son *Recueil des Chartes.* « Il (ce recueil) ne s'est pas retrouvé parmi ses papiers. On « croit qu'il le communiqua à M. Foucault, qui ne le remit pas « à ses héritiers, et qu'il a passé dans les manuscrits de Boze « parmi ceux de Foucault. On sait que M. Foucault impliqué « dans la conspiration Cellamare n'eut que le temps de se sau- « ver en toute hâte »...

Sans rechercher lequel des deux — de l'intendant ou du curé du Mesnil-Opac, — fit les premières démarches pour nouer des relations, disons, dès maintenant, que René Toustain envoya ses manuscrits à Foucault, et qu'un jour (1) il lui adressa une lettre que nous publierons. Si l'on en juge par cette missive, la correspondance de T. de Billy devait être pleine d'originalité, de modestie et d'érudition (2).

Les documents que nous allons analyser ou transcrire, indiquant à quelle époque et comment il fut fait, — après la mort du curé du Mesnil-Opac, — tant de copies de ses manuscrits, et pourquoi ces copies diffèrent entre elles, nous ne donnons point de détails à cet égard.

British Museum

Par politesse, je m'occupe d'abord de mes correspondants étrangers, et je le fais avec d'autant plus d'empressement, que les savants administrateurs du Musée Britannique, ont mis à faciliter mes investigations, une bienveillance au-dessus de tout éloge.

D'après la plupart des bibliographes, le « Musée Britannique » n'aurait possédé que l'*Histoire Civile du Cotentin*, par Toustain de Billy, *Harley*, n° 4,391 (3).

Dès l'abord j'avais pressenti, et mes recherches m'autorisent aujourd'hui à l'affirmer, que le manuscrit français Harley, n° 4,599, du Musée Britannique, qui a pour titre : « *Histoire Ecclésiastique* du diocèse de Coutances, contenant la vie des Evesques de

(1) Lettre autographe du 11 février 1705.

(2) Cette lettre de René Toustain contraste singulièrement avec celle que deux années plus tard, vers 1707, le *Virois* Regnaud *Lecoq*, lieutenant particulier, écrivit à l'intendant Foucault, en lui dédiant ses remarquables *Mémoires pour servir à l'Histoire de la ville de Vire et des paroisses qui en dépendent*.

(3) Lettre ci-après datée — de Londres — du 14 août 1883, alinéas 3 et 4.

ce lieu et ce qui s'est passé de plus remarquable sous l'épiscopat de chacun d'eux, » appartient également à T. de Billy.

Le British Museum, il est vrai, ne trouvant rien, ni dans le titre, ni dans le volume qui montre que cette Histoire Ecclésiastique du diocèse de Coutances, se rapporte à René Toustain, ne pouvait, par lui-même, déterminer le nom de l'auteur.

Mais, en comparant *le titre du manuscrit Harley, n° 4,599*, tel que nous l'avions reçu de nos savants correspondants du Musée Britannique, au titre tel que René Toustain l'a formulé, j'ai constaté que *ces deux titres sont littéralement identiques*.

A cette preuve matérielle, nous avons voulu en ajouter une autre non moins décisive.

Après m'être assuré que le titre du manuscrit Harley, n° 4,599, ne s'applique à aucune des nombreuses histoires *générales* ou *particulières* qui s'occupent des Evêques de Coutances, j'ai envoyé à M. Thompson, chargé du département des manuscrits, la *copie littérale des cinq premières* et *des cinq dernières lignes* du texte du manuscrit Toustain (1), — *Histoire Ecclésiast.*, — avec prière de les comparer *aux cinq premières* et *aux cinq dernières lignes* du manuscrit français Harley, n° 4.599, du Musée Britannique.

La confrontation a justifié nos prévisions, et M. *Thompson* nous a fait l'honneur de nous adresser, avec le zèle d'un érudit et l'aimable courtoisie d'un

(1) D'après la *copie manuscrite* de la Bibliothèque de Coutances, dont M. Louis *Daireaux*, avait mis obligeamment les termes à ma disposition. — Plus tard, c'est-à-dire après avoir reçu la lettre de M. Thompson, j'ai confronté, par le même procédé, le manuscrit Harley, n° 4,599, avec la *copie manuscrite* qui a servi à M. F. Dolbet, le savant archiviste de la Manche, pour publier l'Hist. Ecclésiast. du diocèse de Coutances : même résultat.

gentleman, une réponse dont nous sommes heureux d'offrir la primeur aux savants (1).

La lumière était faite!...

Donc, le manuscrit français Harley, n° 4,599, du Musée Britannique « Hist. Ecclésiast. » appartient à T. de Billy, — tout aussi bien que le n° 4,391 « Hist. Civile du Cotentin. » Désormais le British Museum est fondé à attacher le nom de T. de Billy au manuscrit porté à son Catalogue sous le n° 4,599, dont l'auteur, avant les recherches que je viens de faire connaître, était resté inconnu en Angleterre (2).

Maintenant qu'on veuille bien méditer les trois lettres si précises et si instructives du Musée Britannique, dont nous tenons à donner ici le texte dans toute son intégrité.

a (1) MANUSCRIPTS DEPARTMENT

BRITISH MUSEUM

14th August 1883.

Sir,

I have been directed by Mr *Edward Scott*, the Acting Keeper of the manuscripts here to reply to your letter relating to Toustain de Billy.

The *Harley* manuscript 4599 of which you ask a description has on its title Page as follows « *Histoire Ecclésiastique du Dio-* » *cèse de Coûtances contenant la vie des Evesques de ce lieu et* » *ce qui s'est passé de plus remarquable soubs l'Episcopat de* » *chacun.* »

---

(1) Troisième lettre, datée de Londres, 25 oct. 1883.

(2) Mais ce manuscrit français (Vie des Evêques), n° 4,599, appartenant à Toustain, n'est-il qu'une *copie*, ou bien serait-il un *manuscrit original*, venant du cabinet de Foucault, comme le *manuscrit autographe* de l'*Histoire Civile* du Cotentin, qui est à la Bibliothèque Nationale?

That is the question.

Le lecteur, à cet égard, voudra bien voir la lettre ci-après, *datée de* LONDRES, du 12 septembre 1883, alinéas 1 et 2. — Toutefois, un savant, dont l'opinion fait loi le plus souvent, s'étant occupé de ce manuscrit n° 4,599, par déférence nous réservons notre sentiment personnel, sauf examen ultérieur à ce point de vue.

But there is nothing in the title or elsewhere in the volume to show that it is written by or has any connection with *Toustain de Billy*. Folio. 313 leaves. XVII century.

There is however another manuscript, viz. *Harley* 4391, described in our catalogue as « A French manuscript consisting of extensive compilations for the History of the Territory called Costentin. A paper book very closely written, in several handwritings. It is a small Folio, and has on the title page the following note. « This manuscript was written by *Tostain de Billy*, curé du Pac, immediately after the Revocation of the *Edict of Nantes*. » The Antiquarian Society of St Lo has voted funds for printing it in 1848.

The handwriting is XVII century. 217 leaves.

I have the honour to be,
Sir,
Your obedient servant,
J. H. Jeayes.

Traduction.

a (1) Londres, le 14 août 1883.

Département des Manuscrits.

MUSÉE BRITANNIQUE.

Monsieur,

J'ai été prié par M. Edouard Scott, conservateur des manuscrits, de répondre à votre lettre concernant Toustain de Billy.

Le manuscrit de Harley 4,599 dont vous me demandez la description a pour titre ce qui suit :

« Histoire ecclésiastique du diocèse de Coutances, contenant la vie des Evesques de ce lieu et ce qui s'est passé de plus remarquable sous l'épiscopat de chacun d'eux ».

Mais il n'y a rien ni dans le titre, ni ailleurs dans le volume qui montre qu'il a été écrit par Toustain de Billy, ou qu'il ait quelque rapport avec lui. — Folio, 313 feuillets XVIIe siècle.

Il y a cependant un manuscrit, celui de Harley 4,391 décrit dans notre catalogue comme « un manuscrit français consistant en compilations étendues pour l'histoire du territoire appelé *Costentin* ». C'est un livre d'une écriture très serrée par diverses mains, ou, peut-être, par une même main ayant employé plusieurs genres d'écritures; — petit in-folio, qui porte à la 1re page la *note suivante:* « ce manuscrit a été écrit par Tostain de Billy, curé du Pac (sic) immédiatement après la révocation de l'édit de Nantes. »

La Société d'Archéologie de Saint-Lo avait voté, en 1848, des fonds, pour l'imprimer (sic).

L'écriture est du XVIIe siècle, 217 feuillets.

J'ai l'honneur d'être,
Monsieur,
Votre obéissant serviteur,
J. H. Jeayes.

b (2) BRITISH MUSEUM

Department of Manuscripts

12th september 1883.

Sir,

In answer to your two letters of the 6th and 7th instant I have to inform you as follows :

i. The two Manuscripts to which you refer are *Harleian* Manuscripts 4599 and 4391.

ii. Both of them are copies, and each is written in *several* hands.

iii. The memorandum in *Harley* 4391, viz. « This Manuscript was written by *Tostain de Billy* » etc. was supplied by a Monsieur de *Pirch*, in 1847.

iv. The Manuscripts belong to the collection which was formed by Lord *Harley* in the last century, and which has been in the Museum since its foundation.

v. Neither Manuscript has a *table des matières*.

vi. I regret that I can suggest no solution of the name « La Goderye. »

I am, Sir,

Your obedient servant,

E. Maunde Thompson,

Keeper of the Manuscripts,

*
* *

b (2) *Londres*, le 12 septembre 1883.

Département des Manuscrits.

Monsieur,

En réponse à vos deux lettres du 6 et du 7 du présent mois, j'ai à vous informer de ce qui suit :

i. Les deux manuscrits auxquels vous faites allusion, sont deux manuscrits de *Harley*, portant les numéros 4,599 et 4,391.

ii. Tous les deux sont des *copies*, et chacun est écrit en différentes écritures.

iii. La *note* suivante, qui se trouve dans le manuscrit de *Harley* n° 4,391 : « Ce manuscrit fut écrit par *Tostain* (sic) de Billy », etc. a été fournie par un Monsieur de Pirch, en 1847.

iv. Ces manuscrits font partie de la collection qui fut formée par Mgr *Harley* dans le siècle dernier ; cette collection est au Musée depuis sa fondation.

v. Aucun de ces manuscrits n'a une *table des matières*.

vi. Je regrette de ne pouvoir vous suggérer de solution quant au nom « La Goderye ».

Je suis, Monsieur, votre obéissant serviteur,

E. Maunde Thompson,

Conservateur des Manuscrits.

c (3) BRITISH MUSEUM.

DEPARTMENT OF MANUSCRIPTS.

25th october 1883.

Monsieur,

I beg to inform you that our *Harley* Manuscript 4599 begins and ends in the way as the Manuscript of *Toustain* which you quote.

Yours faithfully,
E. MAUNDE THOMPSON.

Monsieur G. L. G.....

c (3) Le 25 octobre 1883.

MUSÉE BRITANNIQUE

Monsieur,

J'ai l'honneur de vous informer que notre n° 4,599 de Harley *commence* et *finit* de la même manière que le manuscrit de Toustain que vous citez.

Fidèlement à vous,
E. MAUNDE THOMPSON.

A Monsieur G. L. G.....

BIBLIOTHÈQUE NATIONALE DE PARIS

A tout seigneur, tout honneur! — La *Note* des *Manuscrits Originaux* de T. de Billy, publiée aujourd'hui pour « la première fois », renferme divers travaux ou monographies dont beaucoup d'érudits ignoraient peut-être l'existence, et ajoute encore à la vénération qu'inspire le nom, mieux apprécié aujourd'hui, de l'éminent historien Bas-Normand.

Les n°s 4899-4902 du fonds Français, dans lesquels se trouvent les Mémoires de René Toustain, sont des papiers du cabinet de Foucault, l'intendant de la généralité de Caen. Ils passèrent en la possession de M. de Boze (1), qui les céda, en 1728, à la bibliot. du roi (2).

(1) Beaucoup de personnes parlent de de Boze, et ne savent pas au juste quelle était sa situation. Nous devons la note suivante à l'extrême obligeance de M. *Siméon* LUCE, l'illustre auteur de « l'histoire de Duguesclin et de son temps », Bibliothécaire aux Archives nationales : « Claude-Gros de Boze, né à « Lyon en 1680, mort en 1753, Académicien en 1706, fut garde « du cabinet des antiques de 1719 à 1753 ».

(2) Notons que la *copie manuscrite* de la Bibliot. publique de Caen porte précisément cette date de 1728.

Les documents qui forment les n°s 4899-4902 étaient, dans l'origine, à l'état de cahiers ou feuilles volantes, quand ils arrivèrent à la bibliot. royale. Ils ne paraissent pas avoir été constitués en vol. avant le XIXe siècle.

M^{s} Français 4899.

Fol. 393-459 « Recherches pour l'histoire de la ville de Saint-Lo ».
Ce mémoire est tout entier de la main de T. de Billy. La lettre d'envoi, datée du 11 février 1705, forme le Fol. 395.

M^{s} Français 4900

Fol. 1. « Mémoires pour l'Histoire du Costentin. A Monsieur Foucault, Conseiller d'Estat, Intendant de Basse-Normandie. »
— Fol. 47. « De la ville de Cherbourg. »
— Fol. 51. V° « Vallogne. »
— Fol. 58. « De la ville de Carentan. »
— Fol. 63. « De Saint-Sauveur-le-Vicomte. »
— Fol. 65. « De Mortain. »
— Fol. 72. « Généalogie de la maison de Carbonel, marquis de Canisy. »
— Fol. 75. « Famille du marquis de Renty. »
— Fol. 77. « Généalogie de la maison de Thieuville, seigneur de Briquebosc. »
— Fol. 79. « Généalogie de la famille de Saincte-Marie, baron d'Aspres, seigneur d'Auvers, Esquilly, etc. »
— Fol. 80. V° « Généalogie des Du Quemin ou Du Chemin. »

« *A la fin de ces Mémoires* (Fol. 81 V°), TOUT ENTIERS ECRITS DE LA MAIN DE TOUSTAIN DE BILLY, on lit la signature : « R. TOUSTAIN DE BILLY, prestre », avec la date : « Au Mesnil Auparc, le 20° aoust 1706. »

M^{s} Français 4901. Fol. 1-58. « Receuil (sic) *de quelques pièces curieuses non imprimées.* » — Copies et extraits divers généralement de peu d'importance. Parmi ces extraits, empruntés à des chartes et à des manuscrits, il faut remarquer au Fol. 47 : « Vers en l'honneur du bien heureux Thomas *Hélie* faicts sur la fin du XIII° siècle, du reigne de Saint Louis. »

TOUT CELA EST DE LA MAIN DE TOUSTAIN DE BILLY.

Remarques :

A. Maintenant que le lecteur connaît la liste des *Mémoires originaux* composant l'histoire civile du Cotentin, nous lui mettrons sous les yeux des documents qui, à raison de leur date et des faits qu'ils mentionnent, doivent avoir ici leur place.

B. Ensuite nous donnerons une analyse sommaire du *Manuscrit autographe* de l'hstoire civile, en y ajoutant certains détails *encore inédits*.

C. Je dois faire une observation au sujet du manuscrit français nº 4,599, fonds harléien, du Musée Britannique. J'ai relu mes notes, et l'examen ultérieur que j'avais annoncé vient d'être fait, en même temps, à la Bibliothèque nationale par M. Hippolyte Sauvage, officier d'Académie, et par M. F. Dolbet, archiviste de la Manche, sur les documents qu'il possède. La réponse que ces messieurs ont bien voulu me faire parvenir est, quant à ce point, entièrement la même. (1)

M. F. Dolbet, dans la lettre qu'il nous fait l'honneur de nous adresser à ce sujet dit :... « C'est moi qui « voyant que ce manuscrit venait de Foucault en « avais conclu qu'il pourrait bien être l'original, « puisque Toustain avait déjà donné à Foucault l'o- « riginal de lhistoire civile du Cotentin »...

Pour nous, voici l'état réel et définitif de la question : rien ne justifie que le manuscrit français nº 4,599, fonds harléien du Musée Britannique, ait jamais appartenu à Foucault, et tout, au contraire, prouve que ce manuscrit nº 4,599 n'est point le manuscrit original de T. de Billy (histoire des Evêques.) — En

(1) Dans son grand ouvrage, « le Cabinet des Manuscrits de la Biblioth. nationale, paru en 1868, M. Léopold Delisle dit, t. 1. p. 317, nº 3, à propos des manuscrits venant de Foucault :... *La Bibliot. nationale s'est récemment procuré une « Copie » de l'histoire des Evêq. (nouv. acquis. franc.* 154-157) ; — *il y en a un autre exemplaire,* PEUT-ÊTRE CELUI DE FOUCAULT, *au Musée Britannique, fonds harléien, nº* 4,599. »

De l'extrait qui précède, il résulte que l'illustre bibliographe a annoncé dans son ouvrage publié en 1868, qu'il existe au Musée Britannique, fonds harléien, nº 4,599, *un autre exemplaire* de l'hist. des Evêques, *peut-être,* ajoutait-il, *l'exemplaire de Foucault*...

Donc, avant la date précitée, M. Delisle connaissait le titre exact du manuscrit nº 4,599 de Londres.

effet : 1° nous venons de voir que Toustain signe tous ses mémoires, en les envoyant à Foucault ; — or, le n° 4,599 de Londres ne porte aucune signature : — 2° Le manuscrit français (hist. civile.) n° 4,900 de la Bibl. nationale est écrit *d'une même main*, celle de Toustain ; le manuscrit n° 4,599 du Musée Britannique renferme *plusieurs écritures différentes ;* — 3° le Dép[t] des manuscrits du Musée Britannique vient de constater, par suite de mes investigations, que ce manuscrit n° 4,599 (fonds harley) *n'est qu'une copie...*

René Toustain de Billy
Et
l'illustre Chapitre de l'Évêché de Coutances

« Les deux Suppliques. »

L'une est en Français, — *Sermone materno*, — comme le dit Toustain d'une façon si touchante, et l'autre en Latin (1).

a. Les deux requêtes sont identiques, sauf quelques variantes de peu d'importance ; elles sont jumelles, si je puis dire.

b. Elles ont le même objet, si heureusement et si éloquemment défini par T. de Billy.

c. Ces deux suppliques montrent que, lors de leur présentation, — août 1704, — l'*Histoire Ecclésiastique* du diocèse de Coutances était *achevée*.

d. Toustain nous apprend (voir notamment la supplique écrite en Latin) qu'il avait commencé à écrire l'*Histoire Ecclésiastique* du diocèse de Coutances plus de dix ans avant *la date du mois d'août* 1704, ce qui

(1) Toustain avait composé dans « les deux langues à la fois » son *Hist. Ecclésiast.* du diocèse de Coutances. Nous avons la preuve matérielle du fait : le Catalogue de l'abbé de Rothelin mentionne un *manuscrit* du curé du Mesnil-Opac, portant pour titre : *Renati Billii Epitome Historiæ Ecclesiasticæ Constantiensis.* — Quoi d'étonnant ? L'illustre J. B. Du Hamel, notre compatriote, parent de T. de Billy, n'a-t-il pas composé en latin presque tous ses ouvrages qui sont très-nombreux ?

nous reporte à 1694, à 1693, peut-être à 1692, peut-être même à 1691,... suivant l'élasticité qu'on donne à ces mots : *à decem* ET AMPLIUS *annis*.

En indiquant ce chiffre, T. de Billy aurait-il voulu faire savoir combien de temps lui avait coûté la composition de l'*Histoire des Evêques*, son ouvrage le plus considérable? Il n'a rien dit de pareil, que nous sachions, à l'égard de ses autres ouvrages.

Me serait-il permis d'offrir ici un lieu de délassement, une sorte d'oasis aux personnes que ces détails bibliographiques pourraient fatiguer? Le tableau que je tenterai d'esquisser ne saurait déplaire à ceux qui — mieux préparés — font avec moi la visite des Bibliothèques, et m'accompagnent résolument dans les sentiers ardus de la science.

Toustain commence par transformer son église, et songe, de bonne heure, à utiliser certains documents qu'il avait recueillis, même avant d'être curé du Mesnil-Opac. Puis, élargissant son plan, il y fait entrer le Cotentin tout entier, *au point de vue civil et au point de vue ecclésiastique*. Conception féconde — qui arrivera plus tard à son plein épanouissement, comme ces semences confiées à la terre en de mauvais jours, et qui ne donnent leurs fruits qu'au bout de longues années...

Abeille vigilante, Toustain de Billy, toujours en mouvement, va, vient, butinant partout et toujours. Rien ne le rebute, ni fatigues, ni dépenses, ni mécomptes, ni refus. Chroniqueur, Géographe et Archéologue, (à cet égard surtout il est un précurseur), il amasse d'immenses matériaux, fraie la voie et facilite singulièrement la tâche de ceux qui viendront après lui...

Voyez ! après la mort de sa mère (1676), le vénérable curé s'impose une règle, et cette règle, il l'observe pieusement jusque dans les derniers temps de sa vie.

Toustain de Billy est un de ces hommes que la pensée tourmente, et dont la main marche sans cesse sur le papier. Il mène de front ses *Mémoires* : il y travaille au Mesnil-Opac, il y travaille au Bény, il s'en occupe sans relâche. Ses cahiers ne le quittent jamais, et parfois, croyons-nous, il se dit comme le sage dont le nom est sur les lèvres du lecteur : *mecum omnia porto.*

Nature d'élite, Toustain possède une haute intelligence et un noble cœur. Des souvenirs bien chers le rappellent et le retiennent alternativement au Mesnil-Opac dont il est le pasteur, et au Bény, son berceau. Dès le principe, il a fait deux parts de son temps : l'une — pour le Mesnil-Opac où repose sa mère, en attendant qu'il la rejoigne ; et l'autre — pour le Bény où est la sépulture de son père. (1)

Nous donnons d'abord la supplique écrite en Français. (2)

A Messieurs

Messieurs les Chantre et Chanoines de l'illustre Chapitre de Coutances.

Supplie humblement noble homme *René Taustain de Billy* prestre docteur en théologie, curé du Mesnil auparc, et vous remonstre qu'il avait travaillé depuis plus de dix ans a escrire l'histoire ecclésiastique de ce diocèse de Coutance, et que l'ouvrage estant, par la grâce de Dieu, achevé, il auroit esté avisé par quelques personnes doctes a qui il l'auroit faict voir, estre necessaire d'y ajouter les coppies de plus de chartes que faire se pouroit comme pour estre des preuves authentiques et des arguments certains des faicts qui y sont alleguez : Et comme mes dicts sieurs ; ces monuments les plus nobles et les plus assurés sont conservés dans vos archives le suppliant auroit esté

(1) Inutile de rappeler que les de Renty et les de Billy étaient, depuis plusieurs générations, liés d'une étroite amitié, et que la famille de Renty dont T. de Billy s'est fait l'historien, possédait la seigneurie du Mesnil-Opac et du Bény, où se trouvait le Hamel-Aumont...

(2) Nous avons vu et transcrit nous-même les *copies littérales de ces deux suppliques.* — « Ces deux copies, propriété de la « Biblioth. nationale, ont été prises sur les deux originaux, « qui, d'après M. Léopold *Delisle,* doivent être aux archives de « l'Evêché de Coutances ».

conseillé de vous faire la presente requeste tendant a ce que ce soit votre bon plaisir de luy fournir quelques-uns de ces anciens tiltres de votre chartrier pour luy estre des temoins irreprochables de la vérité et de l'antiquité, il l'espere d'autant plus qu'il connoist estre la presente requeste et les fins d'icelle pour votre propre gloire, et vos intérests; car ces sortes d'histoires estant presque uniquement rendues publicques pour conserver à la postérité la memoire et les noms de ces grands hommes de la piété et de la libéralité desquels nos predecesseurs et nous mesme nous avons reçu tant de bienfaits et exciter par leur exemple et par notre gratitude les descendants de ces bienfaiteurs a les imiter. Votre sagesse, Messieurs, et votre prudence ordinaire, ne permet pas au suppliant de douter que vous n'entriez dans ses sentiments et que vous ne vouliez bien qu'on publie des tiltres lesquels ne doivent pas moins estre des temoignages de votre reconnoissance, de votre vertu et de la generosité de vos predecesseurs, que des ornements et de la vérité de son histoire. Ce qui estant ainsy la presente requeste ne peult estre estimée incivile puisqu'elle tend principalement a l'augmentation de votre reputation; ny nouvelle puisqu'il y a encore peu d'années que les fins d'une semblable furent par vous accordez au fameux et scavant Mr *Mangon du Houguet* ancien vicomte de Valongne, ni enfin injuste, de semblables demandes n'ayant jamais esté refusées par aucun chapitre si ce n'est peult estre par ces sortes de gens lesquels manquants de légitimes chartres nécessaires pour la conservation des biens et honneurs dont ils jouissent en ont fabriquez et supposez de faulx et illégitimes qu'ils ne veulent pas estre manifestées crainte que leur supposition et l'impureté de leur naissance ne se decouvre a la lumière du jour. Vice dont vous et vos titres estant tout a faict exempts le suppliant a lieu d'esperer que vous ne luy en deniez pas la communication.

A ces causes, mes dits sieurs, et aultres qu'il plaira a votre prudence de suppleer, il vous plaise marquer quelques jours et heures certaines auxquels le suppliant estant a la porte du thresor ou cabinet de vos chartres quelqu'un de votre illustre Corps sage, discret, scavant et choisi expres de vous pour ce sujet, luy donne des extraits de quelques-unes d'icelles et vous obligerez le dict suppliant a travailler pour votre gloire et a vous faire tout service.

Présenté le du mois
d'aoust 1704

R. Toustain de Billy.
Paraphe.

Copié sur l'original aux archives de l'evêché de Coutances.

Insigni nobilique Capitulo
Cantori Canonicisque Constantiensibus
Viris clarissimis.

Poscit supplex *Renatus Turstinus Billius* Presbyter doctor theologus rector ecclesiæ du *Mesnil aupare* et exponit quod cùm *a decem et amplius annis* animum manumque adhibuerit qui ecclesiasticam totius hujusce diœceseos constantiensis historiam Romano maternoque sermone scriberet, esset que jam Deo dante opus consummatum; sapientioribus nonnullis visum est rationi consentaneum immo et necessarium firmiorem eorum quæ narrantur ad fidem certa et indubitata quœrere et subjicere argumenta ; quæ quidem veritatis moninenta potiora vestris in scriniis cum serventur saltem pro puriori parte ; sui memor officii et obsequii prædictus presbyter hunc supplicem libellum vobis porrigendum existimavit qui precibus ejus intenti et inclinati requisitis hujus modi testibus hoc est antiquioribus Cartis seu Cartarum exscriptis dignemini adesse et auxiliari. Et hoc maxime ex eo ei obtinendi spei locus, quod vestrâ etiam plurimùm interesse non ignorat : cum etenim prœteritarum hujusce generis recordatio rerum debeat imprimis et soleat scriptis publicis mandari ut posteris maneat illustrior cùm beneficiorum tùm beneficorum memoria nullum superest dubium, quin requisita illa diplomatum exscriptio juris publici facta futura sit, his ad gloriam, illis ad exemplum, atque vobis prœsertim maximum ad decus ; quatenus videlicet acceptorum non immemores, pro indigno aevi nostri more, beneficiorum quibus gaudetis, auctorum nomina et acta, datâ occasione, grandi et grato animo non reticetis. Non igitur indigna, dicti supplicis, postulatio, cujus finis unicus antiquæ et vestræ simul virtutis documentum atque Avitæ pietatis patrocinium ; non nova, quam paucis abhinc annis famoso et docto illi Vallonensi nuper Vicecomiti nobili Mangonio concessistis, nec denique injusta quæ nunquam cuipiam pie petenti fuit a quovis Capitulo denegata nisi forsitan ab illo hominum genere quibus cum ingenua desunt et sincera donorum et honorum synthemata ii verentur spuria et supposta in lucem proferri, ne furtivi partûs vitium et dedecus vel lippis appareat ; cujus quidem sceleris cum ne minima suspicionis labes in vos vestraque Cartularia possit cadere, supperest ut pro benegnitate vestrâ dicti Billii supplicantis precibus faciles acquiescatis.

His itaque aliisque pluribus ad hoc a vobis, viris scilicet sapientissimis, mature, ut assolet, propensis et perspectis attentiùs, Placeat statutos quosdam dies seligere et designare, quibus stanti ad secretioris cameræ vestræ valvas dicto supplici presbytero delectus ad hoc quidam e nobili et illustri vestro Collegio vir bonus prudens, et doctus nonnulla e prœdictis scriniis diplomata commodet exscribenda : unde et laus vestra et beneficii erga eum præstiti memoria perduret aeterna...

Porrectum die augusti

an. d. 1704

R. Toustain de Billy.

Un paraphe.

Copié sur l'original aux archives de l'évêché de Coutances.

Cette demande du... *Suppliant Noble homme*... fut un *Acte* dont le pays doit savoir gré à l'éminent historien. La porte du « Trésor des Chartes » s'ouvrit, et René Toustain obtint la faveur d'y puiser. Dans quelle mesure? Nous essaierons de le dire plus tard. Gardons-nous de vouloir analyser ce document, — vrai chef-d'œuvre, — où l'on admire un langage irréprochable, une haute raison, une irrésistible éloquence. Ceux qui croient pouvoir lire entre les lignes seraient peut-être tentés de penser que de Billy éprouvait une certaine satisfaction à se trouver seul en présence de Messieurs du Chapitre. Eh! sans doute, il comprenait que le Chapitre de Coutances était une Compagnie *Illustre*, mais il savait bien aussi qui *il était lui-même*. Si, en écrivant en Latin, le curé du Mesnil-Opac joint une Traduction Française, c'est que, voulant voir accueillir sa prière, il tient à faire preuve d'une déférence absolue, — à mettre, — si je puis dire, les points sur les I. Mais en donnant tant d'encens au noble Chapitre, T. de Billy n'aurait-il pas eu, par hasard, la velléité d'y mêler un petit grain de malice?

Quoiqu'il en soit, René Toustain, comme témoignage de sa gratitude envers les Chanoines, se fit un devoir de décrire la Salle du Chapitre dans son admirable Etude historique et archéologique sur la Cathédrale de Coutances (1).

---

(1) SALLE DU CHAPITRE

« Dans la chapelle Saint-Louis, il y a un degré pour monter au chapitre. Ce chapitre consiste en *deux appartements*. Le « premier » est une grande salle éclairée par plusieurs fenêtres hautes et étroites à l'antique. Il y a des bancs tout autour et une grande et longue table au milieu. « *L'autre* » *est un grand cabinet auquel on monte par un degré qui est au coin de la salle, dans lequel sont enfermés et rangés proprement les Titres, Chartes et Cartulaires de ce chapitre.* »

C'est dans cette dernière pièce... « *Secretior Camera* » qu'étaient les « Trésors » qui avaient été si longtemps l'objet des ardentes convoitises de l'illustre historien. — Là se trouvait le *Livre Noir* ou *Pouillé*, sorte d'inventaire qui donnait la liste de toutes les paroisses ou bénéfices, avec leurs revenus, et le nombre des chapelles de la Cathédrale. Le mot *Pouillé*, qui signifie inventaire, vient par corruption du mot *polyplicum*, tablette à plusieurs plis. La salle de l'ancien Chartrier est vide aujourd'hui... (M. l'abbé Pigeon, chanoine de Coutances).

Les Cartulaires du Diocèse de Coutances. — Je voudrais grouper ici les faits certains ou probables que l'on connaît au sujet des Chartes recueillies par Toustain de Billy. M. Léopold Delisle, dans sa grande publication « Le Cabinet des Manuscrits de la Bibliothèque Nationale », (1) dit positivement... *que le curé du Mesnil-Opac compulsa presque tous les Cartulaires du diocèse de Coutances, et qu'il écrivit de volumineux mémoires que les travaux plus modernes n'ont pas fait oublier...* — On sait d'ailleurs que Toustain avait obtenu l'autorisation de puiser dans le Chartrier de l'Evêché de Coutances; sans doute, il en usa largement, puisque nous le voyons à chaque instant renvoyer à son *Recueil des Chartes*, et qu'il en cite un grand nombre, soit par fragments, soit in extenso, dans son Histoire Civile et surtout dans l'Histoire des Évêques. (2) Mais le savant Directeur de la Bibliothèque Nationale a mis en relief un autre fait d'une haute importance : il affirme, en effet, que *le Catalogue des livres de l'abbé de Rothelin mentionne, entre autres manuscrits, qui devaient venir du Cabinet de Foucault*, UN RECUEIL EN 13 VOL. IN-4° « des Chartes, Titres » et États concernant les bénéfices, abbayes, prieurés, » etc , du Cotentin et autres lieux de Normandie... » (3) — Après avoir constaté *que de Boze recueillit plusieurs manuscrits et des plus importants, ainsi que quatre portefeuilles remplis de mémoires et de dessins relatifs à la Basse-Normandie*, M. Léopold Delisle ajoute : « Il ne serait pas impossible que Toustain » de Billy eût fourni à Foucault une partie du Recueil

(1) T. 1, p. 317.

(2) Nous avons dit ci-devant, p. 48 de notre Notice, que dans le manuscrit 4901, folio 1-58, il existe encore à la Bibliothèque Nationale un certain nombre de Chartes. — Nous rappelons également qu'à la page 48 précitée, M. de Gerville s'exprime comme il suit à propos du *Recueil des Chartes* de T. de Billy : « ... On croit que Toustain communiqua ce *Recueil* à Foucault, etc»

(3) N° 2,954 du Catalogue de l'abbé de Rothelin.

» des Chartes Normandes dont je parle à la page suivante..... » S'il nous était permis d'intervenir, nous dirions que la supposition de l'illustre Bibliographe nous paraît plausible, et qu'elle se fortifie par cette considération que, — à notre connaissance du moins, — on n'attribue — nommément, — à d'autre personne que Toustain, le mérite d'avoir réuni la collection des 13 vol. des Cartulaires dont il s'agit.

M. Léopold Delisle justifie bien que ces 13 volumes ont passé dans la bibliothèque de l'abbé de Rothelin; mais depuis, que sont-ils devenus? Tout nous porte que les Cartulaires en question (Originaux et Copies), ne sont plus en France. Cette pensée nous est suggérée par M. le Directeur de la Bibliothèque Nationale, lui-même, qui constate, en effet, que, lors de la vente des Mss de l'abbé d'Orléans de Rothelin, ses bibliothèques furent acquises en partie par l'étranger.

Lettre autographe de T. de Billy à Foucault.

Cette lettre est une pièce historique qui nous révèle authentiquement l'époque à laquelle Toustain envoya ses « Recherches sur la ville de St-Lo » à Foucault, et, chose remarquable, le vénérable curé la signe seulement avec « son titre de noblesse ». Elle est adressée à un personnage accoutumé à s'entendre appeler « Monseigneur ». En réalité, ce document a quelque chose d'intime, et permet au moraliste, — beaucoup mieux que ne le ferait une page des Mémoires de notre historien, — de scruter de près la tournure de son esprit, la pente naturelle de son caractère, sa pensée vraie. Nous sommes heureux de pouvoir en reproduire *la transcription textuelle prise par nous sur le manuscrit original de T. de Billy*. Priver le lecteur, par des commentaires prématurés, du plaisir d'étudier — par lui-même — la lettre du curé-gentilhomme, ce serait en altérer la saveur, en détruire le charme.

A l'occasion de ce précieux autographe de Toustain, M. Léopold Delisle nous a fait l'honneur de nous écrire spontanément... — *J'ignore si la lettre de Toustain, que j'ai comprise dans mon dernier envoi, est inédite.*

« Monsieur,

« Je m'acquitte enfin de ma parolle, je vous envoie les mémoires que j'ay pu trouver pour l'histoire de la ville de St-Lo. Je souhaite de tout mon cœur qu'ils ne vous soient point désagréables. Vous connoistrez au moins par là que si je pouvais faire quelque chose pour votre satisfaction, il n'y a point de difficulté qui m'empeschât de l'entreprendre.

« Il y a à la page (4 v°) une place vuide. C'est pour y désigner le portail de l'église Sainte-Croix, sur lequel est le fameux ours sans tête enchaîné. Je n'ay personne icy assez habile pour faire le desseing. Je prends la liberté de vous envoyer deux brouillons sur lesquels on pourra peult estre les extraire, si vous le jugez à propos.

« J'avois dessain d'ajouter à ce recueil la Généalogie des principaux Gentils hommes dont il est fait mention, mais je n'ay pu. C'est une pitié. Quand on leur demande quelque chose de semblable, ils croyent que c'est pour les taxer, outre que je ne parle à aucun qui ne me sollicite de vous présenter des requestes pour estre diminuez de leur capitation.

« J'espère que vous aurez la bonté d'excuser la grossièreté de mes expressions et de mon stile. Je suis ici « Rusticus inter Rusticos ». *Je n'y peux estre poli, n'y ayant de conversation qu'avec les bois, les rochers et les bestes sauvages.*

Si par hazard il me venoit encore quelque nouveau Mémoire qui fust digne de remarque, je vous l'enverrois.

Ce pacquet étoit près il y a huit jours ; je l'ai envoyé à Tessy mercredy, et le lendemain à Thorigny ; mais le messager ne fut point à Tessy, et il estoit parti de Thorigny quand mon valet y arriva. J'y ai depuis adjouté ce factum contre les Eudistes, si par hazard, vous ne l'aviez pas.

Ce delay m'a obligé de faire encore un voyage à Saint-Lo ; mais je n'y ay rien appris de nouveau, si ce n'est qu'à la translation des reliques de Saint-Lo, Mg^r de Bayeux officia pontificalement, et M. de Coutances prescha sur le sujet éloquemment, ce qui est peu de conséquence.

Je suis avec très profond respec
Monsieur
Votre très humble et très obéissant serviteur,
Billy curé du Mesnil Aupare

L' 11 (sic) Fevrier 1705.

Rusticus inter Rusticos. — Ces trois mots, comme enchâssés dans une phrase qui en rehausse encore la piquante originalité, sont d'un charme infini. Ne croiriez-vous pas que pour dépeindre la physionomie du

Mesnil-Opac et des compagnons de sa solitude, (1) le vénérable curé emprunte ses couleurs à la palette de Labruyère? Mais si, par un excès de modestie, T. de Billy se dit « Agreste parmi les Agrestes », il trouve le moyen de faire comprendre à « Monsieur » l'intendant Foucault, tout en restant dans les termes de la plus respectueuse déférence, qu'il a le sentiment de sa naissance aristocratique et de sa valeur personnelle.

Ne rappelons ni ces trois autres mots : — *C'est une pitié,* — trait qu'il décoche contre certains personnages plus soucieux, d'après lui, de leurs écus que de la gloire de leurs aïeux ; ni les *brouillons de desseing* qu'il s'est vu forcé de faire lui-même pour l'ours du portail de l'église de Sainte-Croix ; — ni les sermons des Évêques de Bayeux et de Coutances, à l'occasion de la translation des reliques de Saint-Lo, etc. (2) Dans cette lettre, tout est à lire, à relire et à méditer...

Bibliothèque Nationale (Suite)

« Manuscrit Français 4900 ». (3)

Revenons au manuscrit 4900 dont les folios désignés précédemment renferment les Mémoires de T. de Billy (Histoire Civile du Cotentin.) Il est d'une incomparable valeur pour la Basse-Normandie. Comme ce Manuscrit est fort peu connu aujourd'hui encore,

(1) Ce tableau tracé par de Billy était, croyons-nous, exact de son temps. Des bois partout, des rochers et des landes. — Comme nous le dirons plus tard, vous apercevez, du clocher du Mesnil-Opac, presque à vos pieds, beaucoup de bois encore : les bois de Troisgots, de Fervaches et de Moyon... — Mais les *Rustici* sont-ils aussi nombreux?... Oh non !

(2) Dans ses Mémoires sur la Ville de Saint-Lo, Toustain s'occupe de l'Évêque de ce nom, et de la translation de ses reliques : mais cette fois son style est grave, plein de réserve : *il parle en historien !*

(3) M. Henri *Stein*, de l'Ecole Nationale des Chartes, a mis le plus gracieux empressement à nous aider dans nos recherches à la Bibliothèque Nationale ; nous devons à son obligeance de précieux documents et des indications certaines. Que M. Stein veuille bien agréer l'expression de notre gratitude.

malgré le grand ouvrage de M. Léopold de Delisle « Le Cabinet des Manuscrits de la Bibl. Nationale », nous donnons ici des détails nouveaux qui nous semblent indispensables et sont de nature à montrer comment Toustain a compris son rôle d'historien.

Le Ms 4900 adressé à Foucault, l'intendant de la Basse-Normandie, a fait successivement partie des Collections
de Boze 21
de Mesmes. . . . 9397
Bibl. Nationale. Supplément français — 1027
Aujourd'hui français — 4900.

C'est un manuscrit très-intéressant, petit in-folio, écrit d'une même main, mais sur de très-mauvais papier; il est bien conservé et relié à la moderne; l'écriture en est serrée et lisible. Il est numéroté par feuillet d'un bout à l'autre, de 1 a 265. Il n'a pas de table.

Ce qui en fait ressortir la valeur, ce sont les plans très-remarquablement dessinés et peints, (1) les fac-similes d'inscriptions et d'épitaphes, les dessins de statues et d'armoiries, les tableaux généalogiques. Cela est vraiment curieux. Ces « détails artistiques », ces reproductions ou dessins d'objets historiques et de monuments anciens, transformés en partie ou disparus aujourd'hui, offrent un sérieux intérêt. Mais les dessins et reproductions de tout genre que renferme le manuscrit 4900 de la Bibliothèque nationale sont-ils des autographes de Toustain de Billy? Nous ne saurions donner une réponse satisfaisante. Toutefois il y a parmi ces dessins quelques esquisses qui pourraient fort bien être son œuvre personnelle. Quoiqu'il en soit, René Toustain, en enrichissant ses Mémoires de plans et de dessins qui en forment le complément, n'en a pas moins fait preuve de goût et

---

(1) On se souvient que, dans sa lettre du 11 février 1705, le curé du Mesnil-Opac annonçait à Foucault l'envoi de « deux brouillons » qu'il s'était vu forcé de faire lui-même, n'ayant pu trouver personne pour exécuter le « desseing ».

rendu service à l'histoire et aux Antiqnités du moyen-âge.

Le vénérable curé n'avait pour passions que le zèle du bien public et l'amour de la vérité. Vous lisez son histoire civile du Cotentin (1) avec autant de fruit que de plaisir. C'est que cet ouvrage est éminemment consciencieux, fait avec les sources, chartriers et documents privés; l'auteur connaissait à fond l'histoire générale, et il cite à chaque instant Froissard, André Duchesne, d'Enneville, De la Roque, (Traité de la Noblesse) etc.

Ainsi (ff 63 et 64) notre auteur consacre une Notice — courte d'ailleurs — à Saint-Sauveur-le-Vicomte. Ce mémoire, à vrai dire, n'est qu'une compilation de documents qu'il a puisés à diverses sources, mais c'est une compilation habile et savante. Toustain commence cette Notice sur Saint-Sauveur-le-Vicomte en 1356, parle des d'Harcourt, de Chandos, de Duguesclin, et s'arrête en 1568, puis il ajoute quelques mots pour l'abbaye.

Le plan de l'histoire civile, d'après le M[s] 4900 de la Bibl. nationale, est simple; l'ouvrage se compose de deux parties bien distinctes:

I Une histoire sommaire du Cotentin en général, puis l'auteur développe l'histoire particulière de chacune des villes qui s'y trouvent.

II Une histoire très-détaillée des principales abbayes du Cotentin (Montebourg, Blanchelande, la Bloutière), dans laquelle il a inséré, outre quelques lettres originales, un ample catalogue de toutes les pièces concernant ces établissements. C'est là une mine historique bien précieuse. Quelques pièces ont été publiées intégralement. J'ai rencontré sous le n° 44 dudit manuscrit le huitain, morceau de poésie, brodé sur la

(1) Nous essaierons, plus tard, d'apprécier en quelques lignes l'Histoire Ecclésiastique.

tapisserie donnée à la Cathédrale par l'Évêque Geoffroy. (1) M. l'abbé Pigeon, chanoine de Coutances, a eu l'heureuse idée de reproduire ce huitain, d'après Toustain de Billy, dans son Histoire de la Cathédrale de Coutances, qui, de l'avis des personnes les plus compétentes, semble devoir être le dernier mot de la science à cet égard. (2) M. l'abbé Pigeon entre dans des détails extrêmement intéressants sur la tapisserie de l'Évêque Geoffroy. Suivant l'usage admis, au moyen-âge, elle était suspendue dans la Cathédrale pour la décorer, et représentait les principaux travaux d'Hercule. Au bas de chaque sujet, se trouvaient des vers français, de textes de l'Écriture qui en étaient l'explication; M. l'abbé Pigeon donne ces vers et ces textes tels qu'on les lisait sur la tapisserie. J'ai signalé cette publication, pour montrer que le curé du Mesnil-Opac, dans sa description de la Cathédrale de Coutances, avait travaillé avec intelligence, et noté dans son Mémoire les choses les plus remarquables.

Le Manuscrit 4900, pris dans son ensemble, forme, dirai-je volontiers, un riche écrin; j'ai dû me contenter d'en extraire quelques joyaux.

Autre lettre autographe de Toustain de Billy

Les lettres du 11 février 1705 et du 20 août 1706, ont une véritable importance historique. La *première* nous dit quand et comment T. de Billy fit parvenir les « Recherches sur la ville de Saint-Lo »; la *deuxième* indique l'époque à laquelle dut être terminé le manuscrit de l'Histoire civile du Cotentin, dont l'envoi, sans doute, eut lieu immédiatement. Ces deux pièces étant connexes, il était nécessaire qu'elles fussent publiées en même temps.

---

(1) Geoffroy II, Herbert, mort en 1510.

(1) Histoire de la Cathédrale de Coutances par M. l'abbé Pigeon, 1876; pages 295, 6, 7, 8, 9.
Le savant écrivain cite Toustain de Billy presque à chaque page, et le considère comme un guide sûr, digne de foi, — comme un « Maître. »

La lettre du 20 août est, en réalité, une page d'histoire racontée par René Toustain. Si nous la citons in extenso, c'est comme spécimen, et sans entendre engager notre responsabilité. Ceux qui liront notre Notice appartenant à tous les rangs de la société, nous ne voulons froisser l'opinion de personne. — Que certains des gentilshommes du Cotentin dont s'occupe Toustain de Billy, n'aient point gardé leur « cachet d'origine », ou qu'ils n'aient pas su refléter, par leurs exploits ou par leurs vertus, le passé glorieux de leurs ancêtres, c'est le vénérable curé qui le dit. Et d'ailleurs cette affirmation qu'il traduit aujourd'hui en un langage énergique, à la manière de Tacite, ne se trouve-t-elle pas exprimée déjà dans sa lettre du 11 février 1705? Mais hâtons-nous : René Toustain va bientôt nous dire avec un à-propos charmant, à l'occasion de ses propres Mémoires... « Il en est comme » de tous les ouvrages du monde, IL Y A DU TROP *et du* » *trop peu...* » — Il nous tarde de lui laisser la parole. Avec quelle grâce, quel charme infini, Toustain quitte le *ton sévère* et proteste de son respect et de son absolu dévouement à l'égard de Foucault! Serait-il téméraire de penser que, s'il l'eût voulu ou si le temps le lui eût permis, le curé du Mesnil-Opac fût devenu un écrivain d'un ordre supérieur?

« C'est, Monsieur, par ou j'ay dessain de finir ces Mémoires, il me reste encore quelques généalogies de gentilshommes anciens, mais qui sont présentement si peu distinguez qu'on ne le connoist presque point. C'est le malheur de notre Costentin. Ces gentilshommes au mouvement desquels toute la terre tremblait, qui conqueroient des royaumes, ou ne subsistent plus, ou, s'ils subsistent en leurs descendans, la misère et la pauvreté ont tellement abaissé le cœur de ces descendans, qu'on ne connoist plus rien en eux de la vertu et de la générosité de leurs ancestres. La fortune a changé de face ; ceux qui portaient autrefois les couleurs chez les pères les font porter aux enfants ; la pauvreté chez nous est un titre de noblesse ancienne, et les richesses un tesmoignage presqu'assuré de nouvel anoblissement, ou par achat ou par usurpation.

A l'égard du surplus de ces mémoires vous en jugerez si vous voulez bien vous donner la peine de les lire. Il en es comme de tous les autres ouvrages du monde, il y a du trop et du trop peu ; il est facile de retrancher le premier ; je n'ai pas cru devoir y ajouter, cet escrist n'estant déja que trop long. Il aura tout ce que j'en prétends, s'il peut vous témoigner que n'en (sic) ne me seroit impossible, si je pouvais faire quelque chose pour votre satisfaction, que j'ay pour vous un très profond respect, vous honore et vous estime infiniment et que je suis et seray toute ma vie, très véritablement, Monsieur, votre très humble et très obéissant serviteur.

Au Mesnil-au-Parc
Le 20 aoust 1706

R. Toustain de Billy
Prestre ».

Un Mémoire (F° 75) a particulièrement captivé notre attention. Il est intitulé :

Famille du marquis de Renty

et commence par ces mots :

« Cette famille, Monsieur, n'est pas de nostre Costentin, vous » le scavez, mais comme elle y possède la baronnie de Lan- » delles (1) et la chastellenie de Tresgots, Fervache et Saint- » Romphaire, avec plusieurs autres grandes terres, paroisses et » seigneuries, j'ay cru que vous ne trouveriez pas mauvais de » voir icy ce que j'en sçais. »

Après ce préambule d'un tact parfait, l'historien commence son récit... (2)

... « Environ l'an 1300 vivait Jacques, seigneur de Renty, » Sempy, Embry, et chastellain de Faulxkembergh ; il espousa » Jeanne fille héritière du seigneur de Seninghen. »

Suit la généalogie complète jusqu'en 1647, dont beaucoup de détails pour le XVIe siècle. L'auteur publie en outre des épitaphes et des extraits du Traité de la Noblesse de De la Roque Cette généalogie des Renty (famille d'Artois) a 3 pages, et finit au folio 76.

Les îles du Cotentin. C'est au F° 4 qu'on en trouve la description ; rien n'échappait à la perspicacité de

---

(1) Landelles, à 3 lieues de Vire, fait aujourd'hui partie du canton de Saint-Sever, — arrondissement de Vire, — et dépendait jadis du Doyenné du Val de Vire, Diocèse de Coutances.

(2) Fragment d'une lettre de Toustain à Foucault. Sans doute le curé du Mesnil-Opac, en composant ce Mémoire, pensait à la Famille de Renty, parce qu'elle possédait des terres, des paroisses et des seigneuries dans le diocèse de Coutances. Mais n'avait-il pas en vue aussi le marquis de Renty, *seigneur du Bény*, son voisin, son ami et son protecteur ?...

Toustain de Billy. Comme lui, nous parlons de préférence de ces îles, parce qu'elles sont moins connues que le surplus du Cotentin.

L'auteur procédant avec méthode, comme il le fait toujours, passe en revue d'abord les petites îles qui restent à la France (Saint-Marcou, Tahitou, île Pelée et Chauzé, — 1 page environ, — puis il s'occupe des meilleures îles appartenant à l'Angleterre (Aurigny, Gerzay et Garnezay, 3 pages environ, Les détails contenus en ce Mémoire paraissent intéressants. Toustain donne un exemple qu'on devrait toujours suivre : il indique les sources, et prend soin de citer Warée, auteur anglais, à propos de ce que cet écrivain a dit des îles anglaises dans son ouvrage latin *De Hibernia*.

Un mot encore avant de quitter la Bibliothèque Nationale. M. Hippolyte Sauvage, officier d'Académie et lauréat de l'Académie des Inscriptions et Belles-Lettres, a mis en lumière les Mémoires de Toustain de Billy, et a préparé les voies aux bibliographes du « père de l'Histoire de la Basse-Normandie », en publiant, dans ses ouvrages, (1) des appréciations neuves et fort justes sur chacun des Mémoires du curé du Mesnil-Opac.

Bibliothèque municipale de Caen.

La ville de Caen a vu naître *Malherbe*, le savant *Huet*, évêque d'Avranches, le général *Decaen*, *Choron*, le compositeur *Auber*, etc. — La *Copie manuscrite* qu'elle possède est imparfaitement connue. Nous avons voulu la voir et la lire par nous-même. (2)

---

(1) Voir notamment : *Mortain* par *Toustain de Billy*. — Mortain, Mathieu, 1879; in-8° de 62 pages.

(2) Cette copie est renfermée dans un *cahier unique*, relié, in-folio, ayant 270 pages. Au dos du volume, on lit : *Toustain de Billy;* et, au-dessous, *Mémoires sur le Cotentin*. Sur la page qui termine le volume (270) vous trouvez ces mots : *Fin* 1728, qui sont de la même main que le corps de la copie manuscrite. Cette date (1728) exclut l'idée que la copie de Caen ait pu être connue de Toustain de Billy, mort le 17 avril 1709.

Entre autres détails intéressants, nous signalons une note écrite par *Fr. Pluquet* au verso de la 1re page, elle est signée, mais non datée. Nous croyons cette *note inédite*. Après avoir annoncé par erreur que... « T. de Billy a gouverné sa cure pendant 40 ans, et qu'il était né à Maisoncelles-la-Jourdan proche Vire... » (1) Pluquet ajoute : » L'auteur a laissé « des manuscrits fort curieux sur le diocèse de Cou- « tances. La 1re partie contient l'histoire des villes « et principaux lieux de ce diocèse, — et la 2me la « vie des évêques jusqu'à Mgr de Brienne. Ce qui « rend ce travail précieux, ce sont les Chartes et « autres pièces dont les originaux n'existent plus. « Les copies des ouvrages de Mr de Billy sont assez « communes dans le département de la Manche, « mais la plus grande partie sont remplies de fautes « et de lacunes ; il est fâcheux que ce travail si pré- « cieux pour l'histoire du Cotentin n'ait pas été « imprimée... » etc.

Cette *copie* manuscrite de l'éminent historien, comme nous l'avons constaté de *tactu et de visu*, se divise en deux parties parfaitement distinctes : la 1re qui traite du Cotentin, c'est-à-dire de l'histoire des villes et principales localités du diocèse de Coutances ; la 2me intitulée du Gouvernement Ecclésiastique et des Rits de l'église de Coutances.

Il n'est pas exact d'affirmer que la Copie de Caen renferme une partie spécialement consacrée aux Chartes. Les Chartes, au contraire, au lieu d'être réunies en un recueil, sont reproduites in extenso ou par extraits dans le corps de l'ouvrage.

Enfin qu'il nous soit permis de placer sous les yeux du lecteur, non des indications vagues et générales qui ne lui apprennent rien, mais une *formule som-*

---

(1) Nous relevons — ailleurs — cette double inexactitude reproduite, *de confiance*, par plusieurs écrivains.

maire de chacune des matières contenues dans le manuscrit.

Table de la Copie manuscrite de la Bibliothèque de la ville de Caen (1)

Les deux COPIES MANUSCRITES *de la Bibliothèque Municipale de Cherbourg* (2)

C'est à la ville de Cherbourg qu'appartient l'hon-

---

(1) Nos appréciations personnelles, *quant à la Copie de Caen*, sont conformes à l'opinion de l'éminent conservateur de la Bibliothèque publique de cette ville, lauréat de l'Académie, — M. Gaston *Lavalley* (lettre du 26 juin 1883.) Ajoutons que M. Lavalley, — avec une grâce parfaite, — nous a permis deprendre, par nous-même, communication de la copie manuscrite.

(2) Cherbourg, appelé (*Caroburgus, Chercbertum*, sous les premiers ducs de Normandie,) possède trois Bibliothèques : de la Ville, de la Marine, de l'Hôpital.

Nous devons à l'extrême bienveillance du Bibliothécaire-Archiviste de la ville de Cherbourg, — M. *Amiot*, — de très-intéressantes indications et les plus précieux documents, qu'il pouvait seul nous fournir. Que notre savant correspondant nous permette de lui offrir nos bien sincères remerciements.

neur d'avoir fait la première tentative sérieuse de publier les « Mémoires » de T. de Billy. Constatons d'abord que Cherbourg, malgré l'opinion contraire de plusieurs écrivains, n'a point et n'a jamais eu le *Manuscrit original* du curé du Mesnil-Opac sur l'Histoire Ecclésiastique du diocèse de Coutances.

Mais elle possède *deux copies manuscrites* de son ouvrage sur l' « Histoire du Cotentin ».

Comme l'indiquent les *deux Tables des matières ci-après*, la distribution de ces deux copies ne concorde pas; elles présentent aussi, dans leurs parties respectives, des variantes de texte.

L'auteur de la 1re COPIE, datée de 1739, est ainsi désigné sur le feuillet du titre : *Octave* AUBIN *Scripsit.*

Le *second Manuscrit* est une Copie préparée par M. Ragonde, ancien bibliothécaire de la ville de Cherbourg, d'*après l'exemplaire de la Bibliothèque de Caen* ET AUTRES, pour l'impression des Mémoires de notre auteur, qu'il devait publier en collaboration avec M. Julien Travers.

Remarques : A Le titre, dans les deux Copies, n'est pas le même.

B La « Copie Aubin », 1re partie, est intitulée : *Mémoire sur l'Histoire de Coutances et des autres Villes du Cotentin.*

C La 2me partie de la « Copie Aubin » a pour titre : *Mémoire sur l'Histoire Ecclésiastique de la Ville de Coutances et du Cotentin.* Ce Mémoire comprend les divisions suivantes :

1° Histoire des Evêques de Coutances, p. 33;

2° Discussion sur le Catalogue des Evêques, id. 3;

3° Etat de l'Eglise de Coutances, lors de l'invasion des Normands.

En considérant l'ensemble de ces trois numéros, on voit, d'*une part*, que la Copie Aubin, loin de reproduire *en entier* l'Hist. Ecclés. du diocèse de Coutances, n'en comprend qu'une trentaine de pages environ, et, d'*autre part*, que les 16 numéros qui suivent, se trouvent joints, dans les *autres Copies*, Caen, Coutances, etc., — à l'*Histoire Civile du Cotentin.*

La « Copie Ragonde » a pour titre : *Mémoire sur le diocèse de Coutances.*

Dans la 2me série des cahiers de ce *Mémoire*, intitulé du « Gouvernement Ecclésiastique et des rits de l'Eglise de Coutances », il ne figure également qu'un *exposé très-sommaire* relatif au Gouvernement Episcopal du diocèse.

On y lit, notamment, ce qui suit : « C'est la vie de » ces illustres prélats que nous avons fait dessein d'é» crire dans notre grand ouvrage ; (1) ce que nous en » dirons fera la preuve de ce que nous avançons » ici. Il y a une quantité de fautes grossières dans le » Catalogue ordinaire de ces évêques qui a été im» primé par Morel et par M. de Sainte-Marthe, et qui » a été extrait du Livre-Noir du Chapitre ».

Vient ensuite un tableau comparatif, — sur deux colonnes, » — de l'ancien Catalogue et du Catalogue de l'auteur, qui fait suivre ce double Catalogue des « raisons de la fausseté de l'un et de la vérité de l'autre ».

Un prospectus concernant le projet de MM. Ragonde et Travers, avait été distribué dès 1831. Malheureusement pour la mémoire de Toustain de Billy et pour la science, leur très-remarquable travail est resté jusqu'à ce jour à l'état manuscrit. (2)

Dans une lettre du 31 août 1839, que reproduit en

(1) Ne serait-ce pas une allusion à l'ouvrage (*Histoire Ecclésiastique* du diocèse de Coutances,) que publie la Société de l'Histoire de Normandie, par les soins de M. F. Dolbet, Archiviste de la Manche ?

(2) MM. Travers et Ragonde avaient trouvé un imprimeur qui s'était chargé de la publication pour son compte, pourvu qu'ils lui assurassent *cent souscripteurs*. Ces Messieurs en avaient trouvé *soixante-dix*, dont *deux* ou *trois en Russie*. La mort de l'imprimeur, et la révolution de 1830, arrivée peu auparavant, les forcèrent de renoncer à l'entreprise. (Note communiquée.)

partie un article nécrologique consacré par M. Travers à son collaborateur (*Annuaire de la Manche*, 1841,) M. Ragonde s'exprimait ainsi :

« En 1831, deux hommes d'initiative, MM. Jules Travers et Ragonde, ce dernier, bibliothécaire de la ville de Cherbourg, résolurent d'éditer l'*Histoire du Cotentin*, de Toustain de Billy. On répandit, à cette occasion, un prospectus qui fut tiré à un assez grand nombre d'exemplaires. » — Ce document nous semble de nature à faciliter l'intelligence de ce que nous avons à dire du manuscrit ou des manuscrits du curé du Mesnil-Opac, ainsi que des copies qui en ont été faites. A un autre point de vue, il renferme de patriotiques considérations et de très-justes appréciations sur les travaux historiques et archéologiques de Toustain de Billy.

Au surplus, nous donnons un *extrait* de cet article nécrologique :

« Histoire du Cotentin, ou Mémoires sur le diocèse de Coutances, par Toustain de Billy, curé du Mesnil-Opac, mort en 1709. Première édition publiée avec des notes et des additions importantes, par MM. J. Travers et L. T. L. Ragonde, membres de la Société des Antiquaires de Normandie. 2 vol. in 8°, qui seront tirés à 200 exemplaires. »

» Depuis plus d'un siècle, les amis de nos antiquités locales, copient ou font copier l'Histoire du Cotentin par Toustain de Billy. Manuscrite, elle a été exploitée avec profit par les différents auteurs qui ont écrit sur l'Histoire Civile ou Ecclésiastique du département de la Manche. Trigan, Bisson, MM. Houel, de Gerville et bien d'autres, ont tiré grand parti des recherches du savant curé.

» N'es-il pas étonnant que ce trésor de faits curieux, que cette précieuse compilation de Chartes, dont les originaux ont péri, n'ait jamais reçu les honneurs de l'impression ! Que cette histoire de nos villes soit abandonnée, depuis plus de cent vingt ans, à l'impéritie des copistes ?

» Peu d'ouvrages ont autant souffert de cette négligence : les consciencieux Toustain est de plus en plus défiguré à mesure qu'il se multiplie. Comme son style n'est pas châtié et que d'ailleurs il a vieilli, on ne s'est pas fait scrupule de changer une partie de ses locutions. Cette licence, à l'égard de la forme, s'est étendue involontairement au fond. Ajoutez que la plupart des copistes ont, dans leur ignorance du latin, rendu inintelligibles les passages très-étendus, écrits en cette langue et cités par Toustain. Et puis, comme l'histoire de chaque ville est à part, on a rarement copié toute l'Histoire du Cotentin. Chacun a pris ce qui l'intéressait : l'habitant de Saint-Lo a négligé ce qui concerne la ville de Cherbourg, et réciproquement. De là l'extrême difficulté d'avoir un bon texte de l'ouvrage dont nous publions le prospectus.

» A l'aspect des fautes, des lacunes, des interpolations et plus encore du bouleversement des diverses parties qui composent le grand travail de Toustain dans toutes les copies que nous nous étions procurées, nous avions désespéré de jamais éditer son histoire. La communication qui nous a été donnée d'un excellent manuscrit de cet ouvrage, appartenant depuis un certain nombre d'années à la Bibliothèque de Caen, et portant la date de 1728, nous a déterminés à la publication.

» Du reste, cet ouvrage ne mérite pas d'être recherché par les seuls habitants du diocèse de Coutances. On sait que les Anglo-Normands possédèrent longtemps notre territoire, et, depuis leur expulsion, il fut trop souvent envahi par eux, pour que, dans les Mémoires de Toustain, ne se retrouvent pas des faits nombreux qui tiennent à l'Histoire de la Grande-Bretagne. Nous devons donc espérer que notre publication comptera des souscripteurs au-delà du détroit.

» Nous ne parlons pas du puissant intérêt que doit offrir Histoire du Cotentin aux familles nobles de Normandie. Beaucoup d'entre elles cependant y retrouvent des titres perdus, ou la confirmation de ceux qu'elles possèdent... »

Dans sa lettre précitée, M. Ragonde ajoutait :

« ... Quoique je sois bien éloigné de renoncer à publier avec vous les recherches du curé du Mesnil-Opac, cependant l'état actuel de ma santé ne me permettrait guère d'y songer présentement sans une coopération très-active. Voici d'où j'en suis de mon travail : *j'ai transcrit moi-même, restauré et annoté sur une copie faite d'après celle de la Bibliothèque de Caen* ET AUTRES COPIES, *également du milieu du* XVIIIe *siècle*, les Mémoires sur le diocèse de Coutances, jusques et y compris la ville de Saint-Lo, La fin de cette histoire et les histoires de Cherbourg, Valognes. Barfleur et Saint-Sauveur-le-Vicomte ont été transcrites sous mes yeux par mon frère. Il me faudrait revoir cette dernière partie. *Vous avez eu raison cependant d'affirmer que le manuscrit est prêt.* J'ai le désir de collationner cette copie avec un beau manuscrit que possède M. de Béranger, de Crelly, près de Coutances... »

TOUSTAIN DE BILLY. — *Copie de M. Octave Aubin. Titre :* « Mémoire sur l'Histoire de Coutances et des autres villes du Cotentin ».

Ce Manuscrit, format grand in-4°, écriture ronde assez soignée, est divisé en deux parties. La 1re de 151 pages, contient les chapitres suivants :

La 2me partie, de 136 pages, est ainsi divisée :

TOUSTAIN DE BILLY. — *Copie de M. Ragonde.* — *Titre :* « Mémoires sur le diocèse de Coutances. »

Ce manuscrit se compose de trois séries de cahiers non reliés, plus un cahier de Notes de 13 pages — ensemble 760; — format grand in-4°.

L'ouvrage est distribué comme suit, savoir :

1re *Série de Cahiers*

PREMIÈRE PARTIE

Des villes du Cotentin

DEUXIÈME PARTIE

2e *Série de Cahiers*

3e *Série de Cahiers*

(1)

J'applaudis aux patriotiques efforts tentés par MM. Ragonde et Julien Travers, et aux considérations qu'ils ont publiées, il y a plus de cinquante ans déjà, pour faire comprendre la nécessité d'*éditer et de commenter en même temps* les Mémoires du curé de Mesnil-Opac. C'est surtout pour encourager les savants à poursuivre ce but si désirable, que j'ai voulu signaler, dans cette Revue bibliographique comparative, les différences et les contradictions qui existent entre les nombreuses Copies des Manuscrits de Toustain de Billy. Il me reste encore à donner quelques développements à cet égard. Qu'on ne s'effraie pas à la vue des tableaux et des listes que je reproduis. Pour tout homme qui, sans s'arrêter à l'écorce, sait pénétrer plus avant, ce sont de précieux résumés historiques et archéologiques, représentant, comme en une galerie, une longue suite de personnages illustres pour la

(1) Nota : La « Copie Octave Aubin » de Cherbourg est la seule, parmi celles que nous avons passées en revue, qui contienne une *Histoire de Mortaing* et une *Notice sur Villedieu*. — Les Copies de *Caen*, de *Coutances*, d'Octave Aubin, et de Ragonde de *Cherbourg*, ne parlent point de l'Histoire de *l'Abbaye Blanche-Lande*.

plupart, et retraçant, pendant près de quinze siècles, les étapes diverses de la civilisation dans notre pays.

Mais, avant tout, je veux rappeler certains faits qui auront, principalement pour les Bas-Normands, le mérite et l'attrait de l'imprévu.

Vire a eu pour berceau l'ancien Diocèse de Coutances

Comment justifier cette *communauté d'origine* entre les « Costentinais » et les « Virois »? Rien n'est plus facile.

A Les Normands ayant détruit, en 890, la ville d'Etouvy, (1) qui dépendait alors de « l'Evêché de Coutances », ses habitants s'établirent, à l'abri de notre vieux donjon, D'ABORD *sur la rive droite de la Vire*, (diocèse de Bayeux,) et ENSUITE *sur la rive gauche* (Evêché de Coutances.) *C'est ainsi qu'a été fondée la ville de Vire.*

B En 1378, *première émigration des Coutançais.* Après la prise de leur ville par Charles V, un certain nombre d'entre eux se réfugient à Vire et s'y établissent. (2)

C En 1463, *deuxième émigration.* Les troupes de Louis XI s'étant emparées de Coutances, une partie de la population vient, cette fois encore, se fixer dans notre ville. (3)

A un autre point de vue, les rapports religieux ne pouvaient que confirmer encore la *communauté d'origine.* En effet, une partie actuelle de l'arrondissement de Vire, une partie de son canton, le canton actuel de Saint-Sever, une partie même de la ville de Vire, — côté de la rive gauche, — *dépendant du diocèse de Coutances*, se rattachaient à ce diocèse, AU

---

(1) Etouvy, aujourd'hui du diocèse de Bayeux, à 7 kilomètres de Vire, n'est plus qu'un bourg

(2) Voir les *Annales* de Duhamel, moine de Saint-Sever, et l'*Almanach historique de Coutances*, de l'année 1780.

(3) M. Séguin fils, *Mémorial Virois.*

MÊME TITRE, que Montbray, Tessy, Percy, Saint-Lo, *le Mesnil-Opac*, etc.

C'était une même famille spirituelle.

Ce fut pendant l'épiscopat du 82e prélat de Coutances, Ange de Talaru de Chalmazel, que survint la Révolution.

Un décret du 15 janvier 1790, partagea la France en 83 départements; un autre, du 7 juin suivant, supprima tous les anciens évêchés, pour n'en attribuer *qu'un à chaque département, et qu'un seul évêque à chaque évêché; dès lors, les diocèses d'Avranches et de Coutances ne firent plus qu'un seul et même diocèse* (le diocèse de Coutances.)

Sous l'ancien régime, c'est-à-dire avant l'établissement des nouvelles circonscriptions diocésaines, c'était la *rivière la Vire* qui séparait les 2 diocèses de Coutances (1) et de Bayeux. (2) Cependant la *ville de Saint-Lo* était de l'*évêché de Coutances*, et *dans le Cotentin* il y avait certaines localités qui dépendaient de *Bayeux* : c'étaient des anomalies.

C'est en vertu des décrets précités, que le territoire

---

(1) « Le diocèse de Coutances » comprenait, sur la rive gauche de la Vire, les *Doyennés du Val de Vire*, de *Montbray*, de *Percy*, où se trouvait le *(Mesnil-Opac,)* de *Saint-Lo*, en partie aussi sur la rive droite, du *Houmet*, etc.

Il ne faut pas confondre le *Val de Vire*, Archidiaconat, comprenant les cinq Doyennés qui longeaient la rive gauche, — ni le *Val de Vire*, — Doyenné, — avec les *Vaux de Vire*, vallons dépendants de la commune de Vire et connus partout du monde savant, grâces au Poëte-Foulon, LE CRÉATEUR DU VAUDEVILLE, *Olivier* BASSELIN.

(2) « Le diocèse de Bayeux » comprenait, sur la rive droite de la Vire, le *Doyenné de Vire*, partant de Saint-Sauveur-de-Chaulieu et allant jusqu'au confluent de la Souleuvre; — le *Doyenné de Villers*; — le *Doyenné de Torigny*, qui était contigu à celui de *Saint-Lo*, etc.

Le *Doyenné de Vire* comprenait le *Tourneur*, *Saint-Denis Brémoy*, etc. — La distance entre *Sainte-Marie-L'Haumont* (diocèse de Coutances) et *Bény-Bocage* (diocèse de Bayeux) était de 6 kilomètres (de clocher à clocher).

de l'ancien *Doyenné du Val de Vire* a été distrait du diocèse de Coutances et annexé à l'évêché de Bayeux. (1)

Copie manuscrite de la Bibliothèque de la ville de Coutances.

Coutances, l'ancienne « Cosedia » gauloise, nommée plus tard « Constantia », (2) fut pendant fort longtemps la ville prépondérante du splendide territoire formant aujourd'hui le département de la Manche dont Saint-Lo est le chef-lieu. Cette ville a toujours été un centre intellectuel, un foyer de lumières. Elle est le siége de l'Evêché qui porte son nom. C'est à Coutances qu'existe la *Société Académique du Cotentin*, à laquelle la science doit de remarquables travaux. C'est peut-être le nom de Coutances que Toustain de Billy a prononcé le plus souvent...

La bibliothèque de Coutances possède *un exemplaire complet, une magnifique copie* des « Mémoires » de l'illustre historien, sans date et sans nom de copiste, mais en belle écriture du XVIIIe siècle. (3) Tout est de la même main, et il n'y a ni corrections, ni ratures. Cette copie forme *un beau volume* in-f° de 930 pages, dans lequel on fait mention des cahiers de l'original. L'histoire civile du Cotentin renferme 394 pages, et celle des Evêques, 536.

---

(1) Si le nouveau diocèse de Coutances a perdu ce « cher *Val de Vire* », — le Doyenné, — il a conservé un autre *Val de Vire*, (à Troisgots) et ce qui, en outre, dépendait de l'Archidiaconat du *Val de Vire*. D'ailleurs il a été accru aux dépens du diocèse d'Avranches aujourd'hui supprimé.

(2) Le Cotentin, sous les empereurs romains nommé *Constantinus ager* (de *Constantia*, sa capitale ;) d'où par corruption *Costentin*, *Coutentin*, COTENTIN.

(3) Le conservateur de la Bibliothèque de Coutances, M. L. *Daireaux*, professeur au lycée, a bien voulu, à propos de Toustain de Billy, nous permettre de *puiser au trésor* dont il est le dépositaire. Avec lui, nous le savions, le...... « *Supplex...* » n'a jamais à craindre de rester... « *Stans ad secretioris cameræ valvas* », dès que l'intérêt de la science est en jeu. — Nous pensons comme M. Daireaux que l'écriture de la *copie manuscrite* de Coutances est de la seconde moitié du XVIIIe siècle.

L'ouvrage comprend l'*Histoire du Cotentin avec celle des villes*, et l'*Histoire ecclésiastique*. Il se compose de 24 cahiers ; les *dix premiers* pour l'histoire du Cotentin avec les villes, et les *quatorze autres* pour l'histoire ecclésiastique.

Les Tables sont la reproduction des Chapitres. Les Chapitres ne sont pas numérotés. Les Titres donnés ne se distinguent que par une écriture plus grosse.

Histoire du Cotentin avec celle des Villes. (1)

La table des titres des chapitres, d'après la *Copie de Coutances*, est, sauf quelques variantes peu importantes, la même que celle de la *Copie manuscrite de la bibliothèque de Caen*. Nous avons publié déjà cette dernière table. Afin d'éviter un double emploi, nous ne reproduisons pas ici la table du manuscrit de Coutances.

Histoire ecclésiastique du diocèse de Coutances.

Ici, une observation : ainsi que nous l'avons dit, l'Histoire ecclésiastique du diocèse de Coutances, ou ce qui est la même chose, l'*Histoire des vies des Evêques*, comprend les *quatorze derniers cahiers* du manuscrit de Coutances. Elle se divise en *cinq parties*, comme l'indique le tableau que nous transcrirons dans quelques instants. Nous faisons remarquer que ce tableau comprend la *Liste des Evêques* et en même temps, *le mode de division de chacun des quatorze cahiers*.

---

(1) L'histoire du Cotentin se termine par ces mots : « Pour « M. de Villemond, advocat du roy au Bailliage et Présidial, « du Costentin à Coutances. » — Mais comment et à quelle époque cette splendide Copie est-elle venue de la famille de Villemond à la bibliothèque de Coutances ? — On n'a pu jusqu'à ce jour nous renseigner à cet égard.

Comme nous avons à parler de manuscrits et de copies manuscrites s'occupant du même objet, mais parfois différant beaucoup les uns des autres, nous sommes exposé à des *redites*, qu'il nous serait impossible d'éviter.

Quant aux *erreurs* qui pourraient nous échapper, nous prions le lecteur de bien vouloir nous les signaler.

TABLE DE L'HISTOIRE ECCLÉSIASTIQUE.

Division des matières.

LISTE DES ÉVÊQUES DE COUTANCES

D'après *Toutain de Billy*

(Copie manuscrite de Coutances.)

Nicolas de Tholon 52e.
Guillaume de Crèvecœur 53e.

18me *Cahier*

Gilles Deschamps 54e.
Cardinal
Jean de Marle 55e.
Poudulphe de Maleste 56e.

19me *Cahier*

Gilbert de Monjeu 57e.
Gilles de Duremont 58e.
Jean de Castiglione 59e.

20me *Cahier*

Ve Partie Richard Ollivier de Longueil 60e.
Benoist ce Montferrand 61e.
Julien de la Rovère 62e.
Cardinal, et ensuite Pape sous le nom de « Jules second ».
Geffroy Herbert 63e.

21me *Cahier*

Adrian Gonflier 64e.
Cardinal

22me *Cahier*

Bernard de Ribianné, *Cardinal* sans titre.
Le siége vacant.
René de la Tremouille de la Brèche.
Philippe de Cossé.
Payen d'Erquetot d'Etienne Martel.

23me *Cahier*

Ve Partie Arthur de Cossé

24me *Cahier*

Nicolas de Briroy.
Guillaume Leblanc et Jacques Carbonnel, nommé à l'Evêché.
Jacques Carbonnel.
Nicolas Bourgoing.
Léonard de Matignon.
Claude Auvry.
Eustache de Lesseville.
Messire Charles François de

Loménie de Brienne de la famille illustre de Beon Masser.
De Louise de Luxembourg, mère de François de Loménie de Brienne.
La postérité de Messire Henry Auguste de Loménie de Brienne et de Louise Beon Masser.
De Messire Charles François de Loménie de Brienne, Evêque de Coutances..... (1)

Les deux Tableaux de la Chapelle de Montbray.

Nous manquerions à notre devoir de biographe, si nous ne mentionnions pas ici deux événements dont Toustain de Billy s'est occupé comme historien. Cet épisode, dont certains détails ne sont point connus, fera comprendre quel enthousiasme le vénérable curé savait inspirer à ses contemporains, et nous fournira, en même temps, l'occasion de mettre en relief l'un des plus illustres prélats du diocèse de Coutances : *Geoffroy de Montbray.*

La commune de Montbray (2), son berceau, dépendant autrefois du Doyenné ecclésiastique du même nom, était presque voisine du Mesnil-Opac, situé dans le Doyenné de Percy. Montbray possède, outre, l'église paroissiale, une ancienne *Chapelle*, dite *Eglise du Bourg* (3), dans laquelle nous avons remarqué *deux tableaux historiques, restés jusqu'ici totalement inconnus.* Nous essaierons de les décrire. Toustain de Billy, dans son Histoire ecclésiastique

(1) La liste des Evêques, d'après la Copie manuscrite de Coutances. — dans sa partie finale — paraît être restée inachevée...

(2) Montbray se trouvait jadis dans *l'Election de Vire* ; il fait aujourd'hui partie du canton de Percy (Manche).

(3) Cette chapelle était, selon nous, l'oratoire du Château de Montbray dans les temps reculés. — « Elle appartenait anciennement, nous dit *Daniel Polinière,* notre savant compatriote, aux barons de Montbray. »

C'est l'opinion publique dans le pays, et c'est ce que le propriétaire actuel du Château. *M. de Billeheust d'Argenton,* nous a fait l'honneur de nous écrire tout récemment.

du diocèse de Coutances donne les plus intéressants détails sur l'Evêque Geoffroy de Montbray.

« Ce prélat, d'après le curé du Mesnil-Opac, est le premier « dont nous connaissons la famille et le surnom. Cette famille « était très-noble et ancienne dans le pays. Orderic dit de lui « qu'il étoit de *Nobili Normannorum progenie ortus*... et nos « mémoires, ajoute Toustain de Billy, l'assurent *Nobilium ba-* « *ronum prosapiâ ortus* ». (1)

Le premier des deux tableaux est placé — *du côté de l'Epître*. On y voit deux Evêques : *Geoffroy de Montbray* — en habits épiscopaux, est vers la droite; il remplit le rôle principal. Debout sur un tertre, il tient la main étendue sur l'armée en marche ; il est entouré de clercs près desquels se trouve un évêque. Entre cet évêque et l'armée, au pied du tertre, on distingue Guillaume-le-Conquérant, à cheval, l'épée haute, et semblant commander l'armée en marche. Deux chevaliers, tête nue, un genou en terre, mains jointes et inclinés vers l'illustre prélat, comme pour recevoir sa bénédiction. Derrière eux sont d'autres chevaliers également tournés vers Geoffroy de Montbray, la pique haute, et semblant s'intéresser à la cérémonie. Trois de ces chevaliers seulement laissent voir leur tête. Une oriflamme dans les plis de laquelle on remarque la croix, flotte sur eux.

Au bas de ce tableau, on lit *l'inscription suivante :*

« BATAILLE DE HASTINGS

« Conquête de l'Angleterre par les Normands. L'an 1066, le « 14 octobre, le St Evêque de Coutances, Geoffroy de Mont- « bray, bénit dans la plaine de Hastings l'armée du duc de « Normandie, Guillaume-le-Conquérant, au moment où le héros « va combattre et détrôner Harold élu roi d'Angleterre ; la ba- « taille fut décisive. Guillaume remporta une victoire complète.

(1) Nous empruntons ce texte à une COPIE MANUSCRITE de l'histoire ecclésiastique du diocèse de Coutances par le curé du Mesnil-Opac, p. 109 et 110. Pour la distinguer des autres, je l'appellerai COPIE MAHAUT du nom de M. *Mahaut*, imprimeur-libraire à Briquebec (Manche) bibliophile, à qui elle appartient, et qui a bien voulu, spontanément et de la façon la plus gracieuse, me la confier pour quelques jours.

« Harold et ses frères y périrent les armes à la main. Dans la « même année, Guillaume prit Londres et fut couronné roi « d'Angleterre ».

GEOFFROY DE COUTANCES A HASTINGS, *d'après Toustain de Billy.* (1)

... « Orderic dit d'ailleurs qu'*Odon de Bayeux* (2) et *Geoffroy* « *de Coutances* avec grand nombre de clercs et de moines ac-« compagnèrent Guillaume et ses Normands à la conquête « d'Angleterre, furent à ce combat et que leurs fonctions étoient « d'obliger Dieu par leurs prières de donner la victoire à ceux « de leur parti et à les servir par leurs conseils : *quorum offi-* « *cium erat pugnare precibus et conciliis.* Guillaume de Poitiers « dit que notre Evêque dit la messe avant le combat, que le duc « Guillaume y communia de sa main, qu'il pendit à son col quel-« ques parties des reliques sur lesquelles Harral (sic) avait juré « fidélité et que notre Evêque ensuite accompagné du clergé et « des religieux se retira sur une montagne voisine pour y prier « *Collegium pugnare precibus disponitur* ».

Le deuxième tableau, — *du côté de l'Evangile,* — représentant *la mort de l'Evêque Geoffroy*, fait pendantau précédent, et nous montre le St Evêque agonisant. De la main droite, il serre un crucifix sur son cœur, et sa main gauche est tendue vers un tableau qui représente la Cathédrale. Ce tableau est tenu par un personnage qui semble le mettre sous les yeux de Geoffroy. Sa crosse et sa mitre sont posées près de lui sur un petit coussin. Un religieux, placé à la droite de l'Evêque, a les yeux sur ce dernier; la Sainte-Vierge apparaît dans l'angle supérieur du tableau, vers la gauche.

Le secondtableau porte, également au bas, l'*inscription suivante :* (3)

---

(1) *Manuscrit Mahaut,* p. 122.

(2) Frère-utérin de Guillaume-le-Conquérant.

(3) *Les deux inscriptions* que nous avons reproduites ne font point partie des tableaux ; ce sont des espèces de pancartes dont la longueur égale la largeur des tableaux. Elles sont formées de caractères d'imprimerie dits *lettres capitales.*

« MORT DE L'ÉVÊQUE DE COUTANCES.

« *Geoffroy de Montbray*.

« L'an 1093, le 4 février, le St Evêque, malade depuis long- « temps, se fit porter sous le dôme de la Cathédrale consacrée « par ses soins à la Sainte-Vierge l'an 1056. Là entouré de son « clergé et assisté par l'Evêque de Durham, il expire en pré- « sence d'un grand concours de fidèles après avoir mis ce « bel édifice sous la protection de la Reine des Anges, apparue « au St Religieux qui la lui montre, et l'avoir recommandée « à la valeur des guerriers et au zèle des magistrats de son « diocèse ».

« LES DERNIERS MOMENTS DE L'ÉVÊQUE GEOFFROY

« *D'après Toustain de Billy*.

« On remarque qu'il fut assisté à sa maladie et à sa mort par « les Evêques *Odon de Bayeux*, *Michel d'Avranches* et *Guillaume* « *de Durham*, et par les abbés *Gislebert de Caen* et *Roger de* « *Montbourg*, et que se sentant près de sa mort, il se fit porter « au milieu de la Cathédrale sous la lanterne, qu'il avait fait « couvrir de plomb ; et là baigné de larmes, il ne cessa jusqu'au « dernier moment de sa vie de demander miséricorde à Dieu, « et ainsi il fut inhumé sous la lanterne de l'Eglise, ainsi qu'il « l'avait demandé par humilité ». (1)

---

(1) Pour épargner de nouvelles méprises à cet égard aux historiens et aux archéologues, nous signalons ici quelques inexactitudes qui nous ont frappé. Ainsi notre deuxième tableau et les descriptions qui s'y rattachent, renferment des anachronismes, qui, dans la circonstance, sont, à vrai dire, excusables. — En effet, ce tableau reproduit et donne le plan et le dessin de la Cathédrale de Coutances, *telle qu'elle est en ce moment*. Or, Geoffroy ne l'a jamais eue sous les yeux, *puisqu'elle n'a été bâtie que deux siècles au moins après sa mort*. Ainsi cette lanterne sous laquelle Toustain de Billy fait mourir le vénérable Geoffroy de Coutances, ne remonte, qu'au XVe siècle. Aujourd'hui il est démontré jusqu'à l'évidence que la Cathédrale actuelle n'est pas celle que Geoffroy avait fait édifier : la basilique du XIe siècle a été remplacée au XIIIe, pour partie même au XVe, par celle que nous voyons aujourd'hui, *sur les assises premières*, il est vrai, *mais dans un style différent et dans des proportions qui ne sont plus du tout identiques*. L'abbé Delamare, alors grand-vicaire de Coutances, mort archevêque d'Auch, a fait un livre remarquable sur la Cathédrale de Coutances, mais il n'avait point résolu le point difficultueux. Tout le mérite en revient à M. l'abbé Pigeon, chanoine, qui a fait toucher la vérité du doigt, et dit le dernier mot sur ces questions si souvent débattues.

Les membres du Congrès Archéologique de France, réunis à Coutances en 1883, ont, d'une voix unanime, adopté les conclusions de M. le chanoine Pigeon, relativement à l'âge de la Cathédrale de Coutances.

Au double point de vue de l'histoire et de l'archéologie, il était bon de faire connaître ces deux tableaux, et de les mettre en regard du texte même de Toustain de Billy. Ce rapprochement n'avait jamais eu lieu. Les deux toiles de Montbray sont postérieures à la mort du curé du Mesnil-Opac ; nous venons d'en acquérir la preuve ; (1) toutefois, il n'en a pas moins été l'inspirateur. Le peintre a pris pour guides les données fournies par la tradition, les anciens dessins qu'il avait pu glaner çà et là, et surtout les récits consacrés par Toustain de Billy à Geoffroy de Montbray. (2)

M. de Billeheust d'Argenton ayant bien voulu me permettre de compulser son Chartrier pour y faire des recherches sur Montbray, (3) j'ai profité de l'occasion pour étudier de nouveau les deux tableaux de la Chapelle du Bourg. M. Touroude, instituteur, et

(1) Ces deux tableaux furent achetés, il y a une quarantaine d'années, par M. Le Caplain, alors vicaire de Montbray, et payés au moyen de dons particuliers.

Une consonnance de noms nous avait exposé d'abord à commettre une erreur. M. L. Daireaux, bibliothécaire de Coutances, a bien voulu s'assurer, *par lui-même*, que les renseignements que nous donnons aujourd'hui sont les seuls exacts.

La commune d'Orval n'a jamais eu d'atelier de peinture. Ce n'est point d'*Orval* que sont provenus les deux tableaux de Montbray, mais bien d'*Annoville*. Sous la restauration, un ami des arts, M. Michel d'Annoville, ouvrit *chez lui* un musée ou atelier de peinture, qui disparut après la mort de son fondateur arrivée en 1843. Il est sorti de cet atelier plusieurs élèves, dont le plus distingué, sans contredit, fut M. Baptiste Quesnel de Coutances, frère aîné de M. Basile Quesnel, aujourd'hui peintre et professeur de dessin au lycée de cette ville.

C'est dans l'atelier de M. d'Annoville, et, sans doute, sous la main du Maître, que Pierre Le François, né à Hérenguerville, l'un de ses derniers élèves, fit les *deux tableaux* que possède la Chapelle de Montbray. M. Basile Quesnel les a vus lui-même chez M. d'Annoville. — Chacun d'eux mesure environ 2 mètres de largeur sur 2 m. 50 de hauteur. Le tableau représentant la *bataille de Hastings* porte seul cette mention : Le François *Pierre Pinxit*.

(2-3) Il serait à désirer que tous les Instituteurs primaires eussent, comme leur collègue de Montbray, M. Touroude, de sérieuses notions historiques et archéologiques. Nous devons à son obligeance de précieuses indications que notre cadre ne nous permet pas d'utiliser aujourd'hui.

moi, nous avons fait cette visite, en présence de M. de Billeheust d'Argenton, qui nous a prêté gracieusement son concours et nous a fait part de ses judicieuses appréciations. En faisant connaître aujourd'hui nos impressions, nous n'avons qu'un but : appeler l'attention des hommes compétents sur ces tableaux historiques.

Si les deux toiles qui ornent la Chapelle du bourg de Montbray, « laissent beaucoup à désirer au point de vue de l'art », le peintre, selon nous, a été heureux particulièrement dans le tableau qui représente la mort de Geoffroy de Montbray. La tête du vénérable prélat est bien celle d'un moribond ; ses traits altérés annoncent, d'une façon saisissante, les ravages causés par le dernier combat, — le combat de la mort. Cette tête auguste qui, par un effort suprême, s'est relevée à demi pour consacrer la cathédrale à la Reine des Anges apparue en songe au St Religieux qui la lui montre, nous a semblé être véritablement remarquable.

Plusieurs figures, parmi les fidèles présents à l'agonie de leur Evêque, sont d'une beauté réelle, et d'une touchante expression.

Mais, j'ai hâte de le dire, le personnage qui a le plus vivement attiré notre attention, — l'idéal du peintre, sans aucun doute, — c'est Toustain de Billy, le savant historien dont les récits ont inspiré les deux tableaux de la Chapelle de Montbray.

Ce détail nous paraît rendu avec bonheur : au premier coup d'œil, nous reconnaissons le curé du Mesnil Opac, à son regard intelligent, à sa noble attitude, à son front haut, orné d'une chevelure sobre, à la teinte douteuse. Assis au pied du lit du malade, revêtu d'un surplis, — comme un écrivain, il tient, de

---

(1) Certains titres anciens donnent le nom de « Ville » à Montbray.

la main droite, un livre ou manuscrit sur lequel sont tracés quelques mots, et de la main gauche, un encrier, dans lequel il plonge une plume d'oie qui était en usage de son temps. N'est-ce pas bien là l'historien avec ses attributs ?

Le peintre, à dessein sans doute et dans le but de le faire convenablement ressortir, représente son idéal dans une attitude qui donnerait à supposer que ce prêtre, si modeste pourtant, viserait avant tout à attirer les regards sur lui. Quoiqu'il en soit, nous n'avons sous les yeux qu'un portrait de fantaisie.

En un mot, si cette toile, comme nous en avons acquis la certitude, n'est pas l'œuvre, d'un maître, elle n'en rend pas moins bien la narration faite par Toustain de Billy, elle ne manque pas d'effet dans son ensemble, et elle a une réelle valeur au point de vue historique.

Le tableau, qui représente l'évêque Geoffroy, bénissant l'armée du Conquérant, — quoiqu'il soit moins bien réussi que le premier au point de vue artistique, — rend également bien cette fameuse page de l'histoire de notre Normandie aussi riche de ses souvenirs historiques que de ses gras pâturages. Selon notre sentiment, le peintre a même montré du talent dans la pose qu'il donne au grand évêque. Rien n'est plus beau que l'attitude de ce prélat, pénétré de la gravité de la situation, les yeux plongés dans le ciel, la main gauche sur son cœur, et de la droite couvrant ces guerriers hardis dont il partagea souvent le sort. (1) L'armée sort d'un défilé, et opère un mouvement de conversion qui ne laisse rien à désirer, ainsi que le constate M. de Billeheust d'Ar-

(1) Le moine de St-Evroult a dit que l'Évêque Geoffroy de Montbray était remarquable comme guerrier et bien plus habile à charger l'ennemi à la tête des escadrons qu'à instruire les clercs au chant des psaumes.

genton dont la haute compétence sur ce point nous est bien connue.

Le peintre donne aussi une pose bien naturelle à l'évêque Odon de Bayeux, qui offre le sacrifice divin sur un autel improvisé, ombragé d'une tenture aux larges plis. L'officiant semble détourner à demi son regard de l'autel, pour prêter une oreille attentive aux paroles de Geoffroy qui bénit les escadrons du Conquérant.

Il n'a pas été moins heureux dans la posture qu'il donne aux chevaliers qu'il met en scène au même plan, à gauche du tableau. En somme, le premier plan est bien rendu, et fait pardonner au peintre de s'être écarté, dans le second plan, des lois de la perspective.

Analyse de la Copie manuscrite Màhaut.

« Histoire ecclésiastique du diocèse de Coutances ».

Cette copie assez moderne consiste en un très-beau volume de 1069 pages, format in-folio, demi-reliure chagrin noir, avec nerfs, en parfait état de conservation ; sans date et sans indication du nom du copiste. Ecriture anglaise d'une seule main, très-lisible, faite en un laps de temps assez court, car elle n'offre qu'une seule teinte d'encre : indiquée sur une de ses gardes comme... *faite sur l'original.*

Elle est intitulée :

Histoire ecclésiastique du diocèse de Coutances, contenant la vie des Evêques de ce lieu et ce qui s'est passé de plus remarquable sous l'épicopat de chacun d'eux. (1)

Cette Copie manuscrite se divise en *cinq parties*, et

(1) Ce titre est celui du manuscrit Français n° 4,599 du Musée Britannique, et de la Copie manuscrite de la bibliothèque de Coutances (hist. ecclésiastique.) — Les cinq premières et les cinq dernières lignes du manuscrit Mahaut sont les mêmes que les cinq premières et les cinq dernières lignes du manuscrit français n° 4,599 du Musée Britannique, et de la Copie manuscrite de Coutances (hist. ecclés.)

chacune d'elles se subdivise en plusieurs chapitres. Chaque chapitre ne comprend — le plus souvent — que la *vie* ou l'*histoire* d'un seul Evêque.

Chacune des *cinq parties* est précédée d'un Sommaire ou Titre de subdivision que nous reproduisons textuellement :

La « *première partie* qui contient ce qui est connu « depuis l'établissement de l'épiscopat dans ce diocèse « jusqu'au commencement du règne des Normands « l'an 912 », comprend, — de la page 1 à la p. 87. — 8 chapitres.

La « *seconde partie* qui contient ce qui est arrivé « en ce diocèse depuis la conversion des Normands « l'an 912 et pendant le règne de leurs ducs en cette « province jusqu'à ce qu'ils en furent chassés l'an « mil deux cent quatre », comprend, — de la p. 88 à la p. 246, — 10 chapitres.

La « *troisième partie* qui contient ce qui s'est passé « depuis la réduction des Normands à la couronne de « France l'an 1204 jusqu'à 1450 auquel toutes les dis- « putes cessèrent pour cette Province entre les Anglais « qui se prétendaient légitimes héritiers des ducs « de Normandie avec les Français qui les en chassè- « rent pour jamais », comprend, — de la p. 247 à la p. 608, — 13 chapitres.

La « *quatrième partie* qui contient tout ce qui « s'est passé depuis la réduction de la Normandie à « la couronne de France par l'expulsion des Anglais « en 1450 jusqu'à la naissance des troubles pour la « religion en 1560 sous l'épiscopat de douze Evêques, » comprend, — de la p. 609 à la p. 811, — 6 chapitres.

La « *cinquième et dernière partie* qui contient ce « qui s'est passé depuis la naissance en ce royaume « des troubles pour la religion en mil cinq cent « soixante jusqu'à nos jours sous l'épiscopat de douze

« Evêques », comprend, — de la p. 811 à la p. 1069, — 7 chapitres.

La *Copie Mahaut* est suivie d'une Table des matières, comprenant trente-quatre chapitres et soixante-dix-huit Evêques, à partir de *St-Ereptiol* jusqu'à *Loménie de Brienne.*

Remarques :

A Des 34 chapitres que renferme la *Copie Mahaut,* il n'y en a qu'un seul, — le dernier, — qui soit intitulé, *Mémoire,* (1) par déférence sans doute pour de Loménie de Brienne qui était encore vivant, et peut-être aussi à raison des développements dans lesquels l'auteur se proposait d'entrer sur cet Evêque et sur ses ancêtres.

B Il est un fait que Toustain de Billy a constaté, — à dessein sans doute, — vers la fin de son *Mémoire* sur l'Evêque de Loménie de Brienne ; ce fait, au point de vue bibliographique, donne lieu à deux observations. Dans la supplique qu'il adresse, en août 1704, au Chapitre de Coutances, pour obtenir la communication des Chartes, le curé du Mesnil-Opac dit que son Histoire ecclésiastique du diocèse de Coutances à laquelle il travaille depuis *dix années et plus, est achevée.* (2) Puis, quatre ans plus tard, modifiant cette déclaration, René Toustain s'exprime comme il suit :... — *Ainsi à l'heure que j'écris ceci qui est* LE 12 DÉCEMBRE 1708..., *il y a plus de 40 ans que Messire Charles François de Brienne gouverne notre Eglise...* (3) C'est donc *quatre années nouvelles* à ajouter à celles que le curé du Mesnil-Opac avait déjà consacrées

---

(1) A la page 1026 de la *Copie Mahaut,* je lis : « Chapitre VII, MÉMOIRE pour la vie de Messire Charles François de Loménie de Brienne, Evêque de Coutances présent séant ».

(2) Voir ci-devant, p. 57, 58.

(3) Nous citons textuellement Toustain de Billy, d'après la *Copie manuscrite Mahaut,* p. 1046.

à la composition de son histoire ecclésiastique du diocèse de Coutances. Remarquons d'ailleurs que T. de Billy étant mort le 17 avril 1709, il ne survécut que quatre mois environ à la mention qu'il avait consignée, en décembre 1708, dans la vie de l'Evêque de Loménie de Brienne.

Aperçu général sur la Copie imprimée et sur plusieurs Copies manuscrites de l'histoire ecclésiastique du diocèse de Coutances, par Toustain de Billy.

Nous serons aussi bref que possible. — La Bibliothèque nationale possède deux Copies de l'histoire ecclésiastique, l'une *manuscrite*, due à M. Dubosq, ancien Archiviste de la Manche, et l'autre, comprise dans les *deux volumes*, maintenant parus, de la publication faite par les soins de M. F. Dolbet, Archiviste actuel, du même département. C'est plus particulièrement sur les deux volumes de cette publication que nous avons porté notre attention.

Voici, à notre sens, le plan adopté par le curé du Mesnil-Opac : d'après les Tables, la classification est tout simplement l'ordre dans lequel se sont succédé les Evêques de Coutances. Toutefois, dans les premiers siècles surtout, quelques noms d'Evêques sont groupés, et ne forment qu'un seul chapitre. — Prenons pour exemple Geoffroy de Montbray, « aumônier de Sire Guillaume-le-Conquérant ». — Eh bien ! il forme un chapitre à lui seul. De même pour chacun des Evêques, de sorte que chaque chapitre, à vrai dire, renferme une Biographie, et, en même temps, le tableau des principaux événements de la prélature du personnage. Ces appréciations générales peuvent, dans leur ensemble, s'appliquer à la *Copie manuscrite* de la Bibliothèque de Coutances, à la *Copie manuscrite Mahaut* que nous avons, en ce moment, sous les yeux, et aussi, nous le croyons du moins, au *Manuscrit Français*, n° 4,599, fonds harléien, du Musée Britannique. Cette simple exposition suffit pour donner une idée claire du plan suivi par Toustain de Billy dans son histoire des vies des Evêques.

BÉNY-BOCAGE ET LA VILLE DE VIRE.

« Il est juste que ceux qui ont été à la peine soient à l'honneur ».

Quant à M. Pépin, greffier, qui représente Bény-Bocage, qu'il nous suffise de citer ici son nom.

On voudra bien nous permettre de rappeler tout d'abord que Vire a vu naître le foulon Olivier *Basselin*, PÈRE DU VAUDEVILLE, — le poëte Virois, — dont le nom est et restera toujours populaire ; — J.-B. *Duhamel*, le secrétaire perpétuel de l'Académie des sciences, l'*Arago de son siècle ;* R. *Castel*, auquel nous devons le poëme des Plantes ; — C. de *Chênedollé*, auteur du Génie de l'homme ; — P.-J.-F. *Turpin*, d'abord ouvrier menuisier, fils de ses œuvres, savant naturaliste et dessinateur, — mort, en 1840, membre de l'Académie des sciences ; ami et correspondant de Humbold; — J.-B. *Tirel*, fabricant de draps, le *Richard-Lenoir Virois*, etc. (1)

La ville de Vire, elle aussi, a fait dignement son devoir à l'égard de Toustain de Billy. Vers le milieu

(1) Voir le *Livre d'or de la cité Viroise*, dans lequel sont indiquées les *Commissions* qui, à diverses époques, ont dressé le *Tableau des Virois célèbres*, etc. — *Adam fils*, imprimeur à Vire, 11 décembre 1868.

du siècle dernier, Daniel Polinière (1) parlait de l'historien du Cotentin, curé du Mesnil-Opac, et l'appelait « Toustain Bois la-Ville », indiquant par là que l'abbé de Billy était né à Bény, dont le Bois-la-Ville dépendait. Il y a un grand nombre d'années déjà qu'un autre Virois s'était procuré des documents justifiant que le savant curé a vu effectivement le jour à Bény, demeure de ses ancêtres. Ces renseignements communiqués gracieusement à des érudits d'une ville voisine étaient dûs en grande partie à M. Hippolyte Lemarchand, avocat, jurisconsulte aussi profond que savant archéologue. (2) Ces indications toutefois n'étaient encore que des jalons.

Peu après, M. Morin-Lavallée fit de très-sérieuses recherches sur les « écrivains morts et vivants de notre Arrondissement », et composa son Essai de Bibliographie Viroise ; l'infatigable travailleur avait dressé, si je puis dire, le bilan de nos richesses littéraires et scientifiques. Vers 1868, M. Morin-Lavallée faisant partie de notre *Société Viroise d'Emulation*, donna lecture, en séance, de son bel ouvrage et reçut de ses collègues les éloges les plus flatteurs ; malheureusement, il n'a pu en voir l'impression.

Devenu maire de la ville de Vire, en 1870, l'auteur de l'*Essai de Bibliographie Viroise* fut enlevé à l'affection de ses concitoyens. Son ouvrage posthume a été publié peu de temps après sa mort. Nous ferons observer, en terminant, que M. Morin-Lavallée, membre de la Société des Antiquaires de Normandie, a,

(1) Daniel Polinière, érudit de premier ordre, Administrateur de l'Hôtel-Dieu, né et mort à Vire ; 1719-1780.

(2) Voir *Notes manuscrites* de M. Lemarchand, à la bibliothèque de Vire. — Sachant qu'à son exemple, nous nous occupions d'études sur le Bocage-Normand, Me Lemarchand avait bien voulu nous initier à ses travaux, et, — par reconnaissance nous le disons très-volontiers. — à ses recherches sur Toustain de Billy. Rapprochés par les habitudes de notre profession, et aussi par nos goûts archéologiques, nous devions mettre en commun certains matériaux, et les utiliser par des publications. Sa mort, (1864, 7 janvier) empêcha l'exécution de ce projet.

dans son *Essai*, consacré à Toustain de Billy, une Notice substantielle et nettement rédigée, dont les points principaux sont exacts.

Bibliothèque de la ville de Bayeux.

Parmi les hommes illustres que la ville de Bayeux est fière d'avoir produits, brillent au premier rang :

Maître Alain *Chartier*, dont Pasquier a dit :...

Auteur non de petite marque, mais grand poëte de son temps, et encore plus grand orateur...

M. Arcisse de *Caumont*, le « grand Initiateur ».

... — *Auquel ses travaux avaient conquis une célébrité Européenne... — Véritable cosmopolite, aujourd'hui dans une contrée, demain dans une autre, partout il allait déployant sa bannière sur laquelle étaient écrits :* Etude et Progrès, *et rassemblait sous son ombre tous les hommes de labeur et de bonne volonté...* (1)

Ses compatriotes lui ont élevé une statue.

Inscription sur le Socle.

—

Arcisse
De Caumont
Archéologue
Né à Bayeux
Le XXVIII *août* MDCCCI
Mort à Caen
Le XVI *avril* MDCCCLXXIII

—

Au Dos.

—

Elevé
Par souscription
Le XV *juillet* MDCCCLXXVI

(1) Paroles empruntées au très-remarquable rapport de M. Georges Villers.

Persuadé que la bibliothèque de Bayeux n'était dotée d'aucune *Copie manuscrite* des Mémoires de Toustain de Billy, nous avons voulu, en présence d'une opinion contraire exprimée par un sérieux écrivain, remonter à la source même. Aussitôt le savant Conservateur-Archiviste, M. Maynier, nous a fait l'honneur de nous répondre dans les termes les plus obligeants...

C'eût été pour moi, Monsieur, une bien grande satisfaction de vous venir en aide dans vos recherches historiques et archéologiques sur quelques villes de la Manche.

« Mais de Toustain de Billy, nous ne possédons que la première livraison de la *Copie imprimée* de l'histoire civile du Cotentin, et cette copie ne traite que des villes de Saint-Lo et de Carentan... »

Ainsi, la bibliothèque de la ville de Bayeux (1), — fort riche d'ailleurs en livres, documents et manuscrits concernant la Normandie et spécialement le département de la Manche, — ne renferme ni *Manuscrits*, ni Copie *manuscrite* des ouvrages de Toustain de Billy.

Musée et bibliothèque de Saint-Lo.

Nous ne saurions clore avec plus d'à-propos cette Revue bibliographique des Manuscrits ou Copies des Manuscrits de T. de Billy qu'en y faisant figurer la ville de Saint-Lo. Pour ne citer que les morts, Saint-Lo a produit des hommes d'un mérite extraordinaire, — « l'Eminentissime *Jacques Davy*, sieur *du Perron* », comme l'appelle le curé du Mesnil-Opac ; — Me *Jean Dubois* « dont la mémoire sera éternelle et en bénédiction dans tout le pays » ; (2) et l'illustre astronome

---

(1) M. C.-Ed. Lambert a été le conservateur de cette bibliothèque pendant près de 40 années. Dessinateur distingué, numismatiste de premier ordre, infatigable travailleur, M. Lambert a laissé 57 publications dont la liste est à la suite d'une Notice biographique très-intéressante que nous avons sous les yeux, et qui est due à l'un de ses compatriotes, M. L. Doucet, secrétaire de la Société d'Agriculture, des Arts et Belles-Lettres de Bayeux.

(2) T. de Billy, *Mémoires sur le Cotentin*, 1re partie, 1864, Elie fils, p. 128.

Le Verrier. Le Verrier a été mis, à juste titre, par les savants sur la même ligne que les *Copernic*, les *La Place*, etc. Il est né à Saint-Lo; sur le *Champ-de-Mars*, où il a vu le jour, on remarque, au *numéro* 28, une plaque en marbre portant l'incription suivante :

ICI EST NÉ

LE 11 MARS 1811

LE CÉLÈBRE ASTRONOME

LE VERRIER

Qui a pris cette initiative? Nous l'ignorons. Quoiqu'il en soit, les compatriotes de Le Verrier tiendront à honneur de lui rendre un plus solennel hommage; Le Verrier est une gloire nationale.

Sa mère, née *de Baudre*, appartenait à une des plus anciennes familles de Normandie, (1) qui, d'après le Dictionnaire Héraldique de la Chesnaie des Bois... « a donné quantité de braves officiers dans les « armées du Roy »... Chef-lieu du département de la Manche, Saint-Lo a fait beaucoup pour la mémoire de René Toustain. En 1864, la Société d'Archéologie a publié la première partie (Villes de Saint-Lo et Carentan) de l'histoire du Cotentin, et le 7 juin 1883, elle organisait en l'honneur du curé du Mesnil-Opac, la solennité dont nous avons reproduit le compte-rendu.

Récemment, nous avions prié M. Elie fils d'avoir l'obligeance de nous faire adresser — un exemplaire de la publication de 1864. — A cette occasion, l'hono-

(1) Voir la très-intéressante biographie de Le Verrier par M. l'abbé Aoust, professeur de la Faculté des sciences de Marseille, l'un de ses élèves.

Un rapprochement inattendu. Nous avons dit, *d'une part*, que François Toustain, père du curé du Mesnil-Opac, avait épousé *Madelaine de Baudre*, appartenant à la famille dont parle la Chesnaie des Bois, et, *d'autre part*, que Nicolas Du Hamel, avocat à Vire, avait pris pour femme *Catherine de Baudre*, appartenant également à la même famille, p. 11. — Dès lors n'est-il pas naturel de croire que Le Verrier, se rattachait *par sa mère*, au *Virois Jean-Baptiste Du Hamel*, l'illustre secrétaire perpétuel de l'Académie des sciences, et à *René Toustain de Billy*, l'éminent historien?

rable Président de la Société d'Archéologie de la Manche a bien voulu nous transmettre sa réponse par l'entremise du savant Secrétaire de cette Société, M. Lepingard. La lettre de M. le Président renferme de judicieuses réflexions, dont nos lecteurs feront bien volontiers leur profit ; nous la transcrivons textuellement :

... « Quant aux manuscrits de Toustain, je ne saurais rien « vous dire, Monsieur, de ceux qui se trouvent à la bibliothèque « (1) qui n'est pas ouverte pendant les vacances ; je sais « seulement que la bibliothèque du Musée possède une Copie « de l'histoire des Evêques de Coutances. Je dois toutefois vous « prévenir qu'il faut être en garde contre les Manuscrits de no- « tre historien, parce que beaucoup ont des interpolations, les « unes apparentes, les autres moins sensibles, interpolations « faites par des annotateurs postérieurs à 1709, date de la mort « de Toustain.

« Les meilleurs manuscrits sont à la bibliothèque nationale.

« Recevez, Monsieur,

« l'assurance de mes meilleurs sentiments,

Signé : ELIE fils. »

Ces réflexions, justes à tous les points de vue, nous ont été d'autant plus agréables, qu'elles sont conformes à la manière de voir que nous avions — nous-même, (2) depuis bien des années, *sur le mérite com-*

---

(1) Remarque : D'après une *Note*, en date du 7 mai 1831, de M. Ragonde, (voir l'*Article sur la Bibliot. de Cherbourg*), qui vient d'être retrouvée dans les archives de cette ville par le bibliothécaire, M. Amiot, la Copie « *Octave Aubin* » des Mémoires de Toustain de Billy, — la seule qui existât à cette époque dans la bibliothèque de Cherbourg, — serait une Copie de l'exemplaire de la bibliothèque de Saint-Lo. Voici, au surplus un extrait textuel de ladite note de M. Ragonde :
... « Copie de l'histoire des villes du Cotentin par l'abbé « Toustain de Billy. Cette Copie *diffère* de celle de la bibliothè- « que de Caen ; c'est *la même* que celle de la bibliothèque de « Saint-Lo », etc.

(2) M. Victor *Brunet*, Archéologue et Publiciste, auteur de nombreuses brochures, qui, pendant son séjour à Saint-Lo, a fait de sérieuses recherches dans la bibliothèque de cette ville, et n'a cessé d'entretenir depuis des relations avec plusieurs Savants de la Manche, partage entièrement l'opinion de l'honorable Président de la Société d'Archéologie, en ce qui concerne les manuscrits, émanant de Toustain de Billy. — *M. Victor Brunet s'est beaucoup occupé du curé du Mesnil-Opac.*

paratif des Copies Manuscrites du curé du Mesnil-Opac, et sur le degré de confiance qu'elles méritent. (1)

Sans doute, il existe *d'autres Copies Manuscrites* que celles qui viennent d'être indiquées. Il en est de certains érudits, comme de l'avare : *Condita servant.* Mais il y a aussi des cœurs généreux, et nous pouvons citer d'honorables exceptions.

Les Trois Copies Manuscrites de M. le Comte de Toustain.

Président de la Société d'Agriculture, des Arts, Sciences et Belles-Lettres de Bayeux.

(Vaux-sur-Aure).

M. Victor Brunet a bien voulu nous confier une lettre qu'il venait de recevoir personnellement de M. le Comte de Toustain, avec autorisation de nous la communiquer, pour en faire profiter notre Notice.

Ce document, fort important à divers points de vue, contient des appréciations biographiques et bibliographiques rentrant, pour une notable partie, dans les développements auxquels nous nous sommes livré.

Les *trois Copies* que possède le savant bibliophile consistent :

1° En un vol. in-folio de 640 pages, contenant les ouvrages de Toustain de Billy, copié en 1741 sur l'exemplaire que M. de la Benserie, avocat du Roy au baillage du Cotentin, à Coutances, avait copié sur l'original lui-même. Cette Copie porte la signature de M. Martinière Bonté, 1760. M. de Toustain l'a acquise de M. Mancel, ancien libraire à Caen, qui, l'avait achetée à la vente de M. de Bérenger. *Ce manuscrit*, dit M.

(1) Au cours de cette Notice, nous nous sommes fait un devoir de dire avec quel zèle cette savante Compagnie saisit toutes les occasions de mettre en lumière la mémoire de l'abbé de Billy. Nous venons d'en trouver nous-même une nouvelle preuve dans l'accueil qu'elle a daigné faire aux premiers fascicules de notre publication, en nous encourageant officiellement, dans des termes beaucoup trop bienveillants, à donner suite à la tâche que nous avons entreprise.

le Comte de Toustain, dont nous rappelons les termes le plus fidèlement possible, *lui paraît tout-à-fait authentique, ayant été copié sur l'original.*

2° En une *Copie Moderne* de l'histoire ecclésiastique que M. de Toustain acquérait, en même temps, de M. Mancel.

3° En une *Copie* des *Mémoires de Mortain* que M. de Toustain a trouvée dans les papiers de la bibliothèque de M. Lambert, ancien bibliothécaire de Bayeux, qu'il a achetée en totalité à la mort de ce dernier.

Nous n'apprendrions rien à personne, en rappelant que M. le Comte Henri de Toustain,—véritable Mécène, — met, avec une grâce parfaite, toutes ses richesses Littéraires, Historiques et Archéologiques à la disposition des érudits et des chercheurs.

Impression des Mémoires de Toustain de Billy.

1 *Histoire civile du Cotentin et de ses Villes* publiée par la Société d'Archéologie et d'Histoire du département de la Manche, — 1re partie, Saint-Lo, Elie fils, imprim. 1864, — Villes de Saint-Lo et de Carentan.

Les amis de la science verraient avec bonheur qu'il fût donné suite à la patriotique résolution que la Société d'Archéologie de Saint-Lo a prise de publier entièrement, — avec *Notes et Pièces justificatives*, — les Mémoires de Toustain de Billy sur l'histoire civile du Cotentin et de ses Villes. La biographie consacrée par M. Julien Travers à M. Denis, — Elie Michel, — qui fut, pendant plusieurs années, le secrétaire de cette savante Compagnie, indique avec précision les causes qui l'ont empêchée de faire paraître « une deuxième livraison ». M. Julien Travers entre dans de très-intéressants détails que le défaut d'espace nous empêche de reproduire. — Voir *Annuaire du département de la Manche, année* 1878, *p.* 50 *et suiv.*

M. Julien Travers conserve dans sa verte vieillesse toute son ardeur pour la science. (1) Au cours de la correspondance que nous avons eu l'honneur d'échanger ave lui, en janvier dernier, l'éminent écrivain nous a fait parvenir, avec une bienveillance extrême, de précieux renseignements, en ajoutant qu'il a rendu, il y a une année environ, la *Collection des Notes* qu'on lui avait confiées... « pour rédiger une Introduction et la Biographie de Toustain, dès que l'impression entière serait terminée »...

II *Histoire de Mortain*, publiée (Mortain, A. Mathieu, imprim. 1879.) par M. Hippolyte Sauvage, officier d'Académie, et précédée d'une Notice biographique et bibliographique sur Toustain de Billy, *auteur de cette histoire.*

III *Histoire ecclésiastique* du diocèse de Coutances publiée par M. F. Dolbet, Archiviste du département de la Manche; — Rouen, Métérie, imprim. v. 1er et 2e, 1874-1880. Un 3e vol. est annoncé. M. F. Dolbet ne s'en tiendra pas, — nous l'espérons du moins, — à l'*Histoire ecclésiastique* du diocèse de Coutances : le savant Archiviste rendrait un nouveau service à la science, en publiant également l'*Histoire civile du Cotentin et de ses Villes.*

Résumé Synoptique.

Voilà ce que nous savons des *Manuscrits autographes* de Toustain de Billy, ainsi que des *Copies imprimées* ou *Manuscrites* de ces mêmes autographes.

Mais que sont devenus les titres de famille du curé du Mesnil-Opac? Ses armoiries? Sa bibliothèque? Ses correspondances? Les matériaux et documents, produit de ses profondes et laborieuses recherches?

---

(1) *Ah! que n'ai-je cinquante ans de moins!!*, nous dit M. Julien Travers dans une de ses lettres (15 janvier 1884), à propos de Toustain de Billy.

Nous l'ignorons. Cependant l'abbé de Billy avait laissé une exécutrice testamentaire.

Corps d'écritures et signatures autographes de René Toustain, autres que ceux de ses Mémoires.

A *Quesques Actes de l'état civil* du Bény-Bocage, du 16 février 1675 au 20 mars 1685.

B *Registres de l'état civil*, ou « Le Livre d'or », du Mesnil-Opac, du 6 février 1676 au 9 avril 1709.

C *Lettres originales*, notamment des 11 février 1705, 20 août 1706, etc. (Bibliothèque nationale.)

D *Trois reçus-quittances*, concernant la vente du Hamel-Aumont, *écrits en entier*, et délivrés par Toustain de Billy, aux dates ci-après : 25 août 1705, 9 novembre 1707, 25 mars 1709.

E *Le Testament olographe* du curé du Mesnil-Opac : nous publions *cet Acte entièrement inédit jusqu'à ce jour.*

En définitive, que nous reste-t-il, à nous, — habitants du Calvados, — *des écrits originaux* du savant historien ?

A *Les écrits et signatures* que possède Bény-Bocage, son berceau.

B Quant aux *trois reçus-quittances*, « ce Livre d'or en miniature », j'en ai fait hommage à la ville de Vire, — de l'agrément de M. Pépin. greffier, de qui je les tenais. (1)

—

Un livre, à notre sens, est un moyen d'échanger des idées. L'écrivain doit chercher à plaire et surtout à instruire, en conservant son indépendance, et le lecteur, dans une équitable mesure, reste maître d'apprécier, comme il l'entend. Mais pour que cette con-

(1) Ces *trois autographes* de René Toustain font corps avec la Grosse de la vente du Hamel-Aumont. Je les ai remis à M. Charles Fédérique, conservateur de la Bibliothèque de la ville de Vire, officier d'Académie, etc... — avec trois autres pièces provenant des père et grand-père du curé du Mesnil-Opac.

versation *suigeneris* puisse porter ses fruits, il convient qu'il règne entre eux, tout pendant qu'elle dure, une sorte de courant sympathique. C'est en nous plaçant à ce point de vue que nous avons cru devoir réserver, pour les consigner ici, plusieurs nouveaux aperçus, concernant plus particulièrement la personne de René Toustain. Ajoutons donc quelques traits à ceux que déjà nous avons mis en relief, et, après avoir complété, dans la mesure de nos forces, le tableau des vertus et des qualités morales de l'abbé de Billy, nous rappellerons quelles étaient ses pensées intimes, dans les derniers temps de sa vie.

Esclave de ce principe fécond : *Travailler, c'est servir son pays !* le curé du Mesnil-Opac hait l'oisiveté. Sa passion pour l'étude et la retraite lui a sans doute remis plus d'une fois en mémoire ce mot d'un savant comme lui : — La personne qui vient me visiter me fait honneur ; celle qui s'en abstient me fait plaisir. — N'aurons-nous pas l'éternité pour nous reposer? répondait-il à ceux qui lui conseillaient de ménager ses forces. Dans cette existence si modeste, mais pourtant si bien remplie, vous ne trouvez que des services à relever, des leçons à puiser et des exemples à suivre. Le brave et digne curé est mort trop jeune, non pas pour sa gloire, mais pour nous. Ses travaux incessants, ses fatigues ont contribué, — c'est notre conviction, — à abréger ses jours, et nous aimerions à croire que les soucis, — mais qui donc est exempt d'en avoir ? n'y ont été pour rien.

Le talent de notre historien se révèle sous un jour nouveau dans son mémoire sur Algare 40me Evêque de Coutances. (1)

Si, comme le fait remarquer Molière,

« On peut être honnête homme, et faire mal les vers. »

---

(1) *Copie manuscrite Mahaut,* vie d'Algare, p. 185, 186.

Ne nous serait-il point permis de dire :

« On peut être savant, et tourner bien les vers » ?

C'est ce que le bon curé faisait à ses heures ; non pas qu'il fût métromane ; il était de ceux auxquels la Muse accorde parfois ses faveurs. Un exemple : voici comment il traduit et paraphrase une Epitaphe composée — en distiques latins, — par « le savant Ernouf, évêque de Lisieux, pour honorer la mémoire » d'Algare. (1)

EPITAPHE.

Prœsulis Algari cineri natura sepulto
Non potuit meritum consepelire viri ;
Nam terram titulis, cœlum virtutibus implens,
Dùm nobis moritur, ut sibi vivat, obit.
Ipsum igitur quia terra virum cœlumque loquuntur,
Consignare brevi sufficit eloquio ;
Hunc et Martinum meritorum conscia terris
Abstulit et cœlo reddidit una dies.

Traduction de l'Epitaphe d'Algare.

La nécessité de mourir
Enferme en ce tombeau le corps du grand Algare.
Mais la mort ni le temps ne pourront abolir
Le souvenir
De ce prélat d'un mérite si rare.
Sa grande piété, son immense vertu,
Son zèle, sa science,
Sa double charité, sa divine éloquence,
Ont charmé l'univers pendant qu'il a vécu.
Aujourd'hui le Ciel le couronne
Et lui donne
Une heureuse immortalité.
A quoy chercher d'autres louanges ?
Il était pur comme les Anges ;
Il en a la félicité,
Il a le même sort.
Sa belle âme au Ciel est ravie.
Le jour que Saint Denis est mort.

Nous devons à T. de Billy la *Copie*, et, sans doute, la *conservation* d'un Poëme du XIIIe siècle contenant la Vie du B. Thomas HÉLIE, Prêtre de Biville, « confesseur du Roy St-Louis », mort en 1257. — *C'est*, a dit avec raison M. de Pontaumont qui l'a publié pour la première fois, *un monument historique d'une*

(1) *Copie manuscrite Mahaut*, vie d'Algare, p. 185, 186.

grande valeur, et, en même temps, un monument littéraire de la langue parlée en Basse-Normandie du temps de Philippe-le-Bel ». Cette Copie faite par T. de Billy, se trouve avec ses Mémoires, à la Bibliothèque nationale, dans le manuscrit français 4901, aux folios 47 et suivants. (1) A la fin de la transcription, l'abbé de Billy a ajouté la note suivante :

« Ces vers sont tirez d'un ancien registre en parchemin, appartenant à l'Eglise de Buiville, trouvé chez M. Lallier, official et curé de Vallongne. La première partie de ce registre contient les vers cy-dessus : l'autre, qui est en latin, la vie et les miracles du bienheureux Thomas. L'un et l'autre furent composez peu après sa mort par un escrivain, » etc.

A titre de *curiosité littéraire*, je donne l'extrait ci-après :

. . . .

. . . .

Or escoutez donc la vie
Du saint homme Thomas Elye,
Et je la direy sans mentir,
Si le Dex y veut consentir,
Et la gloriouse pucelle
Qui alaita de sa mamelle
Jesus Christ. J'en doint si traitier,
Et par tel pratic au peuple hetier,
Que j'y mettré bien mon estude,
Comment que ma langue soit rude,
Je tous les jours appris son usage
A parler en Hague language.
Cy mes rimailles excuser,
Tout le jour se faut amuser.
Pour loge a mis en avanche :
Il qui s'abaisse, si s'avanche.

. . . .

. . . .

Pour Toustain de Billy, la recherche du beau et du vrai peut seule procurer un bonheur réel. Mais ce ne sont pas des généralités seulement qu'on attend de nous. Continuons d'interroger ses propres écrits, pour y étudier sa pensée, son âme, son cœur. — tout

(1) La copie faite par Toustain de Billy a été communiquée au savant éditeur par M. Léopold Delisle, membre de l'Institut. En tête de la publication se trouve *une Vie du B. Thomas Hélie de Biville*, très-intéressante, due à M. Léopold Delisle. Nous avons sous les yeux cet opuscule qui se compose de 1100 vers.

ce qui était lui, — en un mot, pour présenter au lecteur le vénérable curé du Mesnil-Opac PEINT PAR LUI-MÊME.

L'abbé de Billy fut indépendant. Cet homme si simple, — *Rusticus*, — qui s'était contenté d'un petit troupeau, afin de mieux travailler pour le diocèse de Coutances qu'il a illustré par ses œuvres, n'a point brigué les honneurs ; il n'a jamais adulé les grands. Historien et critique avant tout, il ne connaissait que la vérité. (1)

Ecoutez de Billy lui-même. Il est en délicatesse, à raison de la chasse, avec de Loménie de Brienne, son évêque (2) et, comme écrivain, il fait l'éloge du prélat. Mais, de peur qu'on ne se méprenne sur ses intentions.

Je ne prétends pas ici, se hâte-t-il de dire, *faire son panégyrique, il ne le voudrait pas et je n'en suis pas d'humeur. Grâce à Dieu, je suis né libre, et dans l'état où je suis je n'ai rien à craindre ni à en espérer en ce monde. J'en rapporterai donc simplement et succinctement ce que j'en sais et ce que j'en connais.* (3)

JE SUIS NÉ LIBRE ! !

---

(1) Nous extrayons les aperçus qui suivent d'une *communication officieuse*, que nous devons à une personne aussi distinguée par son caractère que par l'étendue de ses connaissances historiques : « ... René Toustain était resté dans sa petite cure qui « lui donnait des loisirs pour travailler, mais avec le sentiment « de sa valeur personnelle et ne se trouvant nullement au-des- « sous de qui que ce soit dans le clergé, car il fait bon marché « de ceux auxquels il accorde cependant d'excellentes qualités. « Il y avait à cette époque beaucoup d'indépendance dans le « clergé, et on appréciait les hommes selon leur valeur, et « non suivant les places qui étaient données par faveur à des « personnes peu capables ou peu dignes de les occuper »...

(2) Voir ci-devant, page 27. — « ... Quoiqu'il aimât la chasse et le plaisir, ce qui le mit mal avec de Brienne, son évêque, IL N'EN CULTIVA PAS MOINS LES LETTRES *et surtout l'Histoire.* Le diocèse de Coutances lui doit une histoire manuscrite très-exacte, presque toujours fondée sur des actes ou des titres que souvent il copie en entier »... Cette citation de *Bisson, dit Toussaint*, m'a été communiquée par M. F. Dolbet, archiviste de la Manche.

(3) Je puise *cet extrait inédit* dans le *manuscrit Mahaut*, Mémoire sur l'évêque de Brienne, p. 1047.

Peu après, Toustain de Billy se mettant de nouveau en scène, dévoile les replis les plus secrets de son cœur, et manifeste la volonté de transmettre sa photographie morale à la postérité. Prêtons l'oreille, c'est le savant curé qui parle et qui parle de lui-même :

Je le repète, ce que je dis est uniquement pour rendre hommage à la vérité. JE NE SUIS PAS FLATTEUR *et n'ai aucun sujet de l'être.* AU CONTRAIRE, *il y a quinze ans, lorsque je pensai à cet ouvrage, j'étais seulement à 43 L.* (1) *par an pour la taxe. Il a plu à MM. de la Chambre Ecclésiastique de m'augmenter seulement de 57, en sorte que je suis présentement à 105 L.,* (2) *je ne dois pas être suspect à ce que je dis et à ce qu'il me reste à dire sur mon Evêque.* (3)

Nous empruntons la pensée suivante à DROZ, l'un de nos comtemporains : IL FAUT ÉCRIRE AVEC CONSCIENCE, EN PRÉSENCE DE DIEU, DANS L'INTÉRÊT DE L'HUMANITÉ. — C'est ainsi que Toustain de Billy avait compris sa mission. L'historien, pour lui, est un juge dans la plus haute acception du mot, et son rôle, un sacerdoce. Les écrits du curé du Mesnil-Opac respirent le plus pur patriotisme, la bienveillance, l'impartialité. Ni amis, ni ennemis. Précis dans les détails, sobre, plein de mesure, son style coule, comme de source, d'un cœur foncièrement honnête. Les littératures grecque et latine lui sont familières, et, suivant une expression devenue célèbre, de bonne heure *il s'était nourri de la moëlle des lions*. Ces jours derniers l'un des érudits les plus distingués de la Normandie, écrivait : « Le curé du Mesnil-Opac ! c'est notre maî- « tre à tous, c'est notre patriarche ! ». Et, pour ajouter à ce que j'ai dit précédemment de ses vertus et de

(1) Soit : 42 francs 46 centimes.

(2) Soit : 103 francs 69 centimes ; manuscrit Mahaut, p. 1058.

(3) Le mémoire sur de Brienne, portant la date du mois de décembre 1708, l'*Histoire Ecclésiastique* du diocèse de Coutances *est donc postérieure d'au moins deux années à l'histoire civile du Cotentin*, dont le manuscrit autographe avait été envoyé à l'intendant Foucault le 20 août 1706.

ses sentiments comme prêtre, je me contenterai de reproduire ces mots qui peignent, d'un trait, l'état de son âme... *Il mourut plein d'amour et de foi...* (1)

Il n'existe point de portrait de Toustain de Billy. (2) « Le style, c'est l'homme », a dit Buffon. Puisque l'homme se peint dans ses écrits, ne pourrions-nous pas, sans avoir à craindre de nous écarter trop de la vérité, prêter, même au point de vue physique, les traits suivants à l'abbé de Billy ? Son front élevé dénote de puissantes facultés. De son regard, bienveillant et grave en même temps, jaillissent, par intervalles, des éclairs d'intelligence. Libre, — René Toustain a pris soin de nous le dire lui-même, — il semble avoir le sentiment de sa valeur. Sa taille est haute, et toute sa personne porte le cachet de sa naissance aristocratique. Accessible aux humbles, le curé du Mesnil-Opac se souvient, en présence des grands, qu'il est un de Billy. Dévoué à la science, il met à profit, dans l'intérêt de ses semblables, les dons que Dieu lui a départis, et le point du jour trouve souvent sa lampe encore allumée. Ses cheveux sont blanchis

---

(1) Cette heureuse définition est extraite du « Panégyrique en vers » du Curé du Mesnil-Opac.

(2) Il est certain que l'ecclésiastique représenté par le peintre dans le tableau de la « Mort de Geoffroy de Montbray » est Toustain de Billy, *l'historien du grand Evêque. Mais ce portrait n'est qu'une pure imagination de l'auteur du tableau, appropriée, suivant sa fantaisie, à l'événement historique qu'il avait en vue.*

Quant à l'esquisse que nous mettons nous-même, en ce moment, sous les yeux du lecteur, elle était faite depuis quelque temps déjà, lorsque nous parlâmes des deux tableaux de Montbray. Quoiqu'il en soit, *ces deux choses*, — l'image représentée par le peintre, et notre esquisse, — se complètent l'une par l'autre, et elles pourraient donner, peut-être, sinon la ressemblance, du moins une idée de la personne de l'abbé de Billy.

On sait que les deux tableaux de la chapelle du bourg de Montbray, dont nous avons indiqué l'origine et donné la description, *ne sont point sortis de la commune d'Orval, près Coutances.* Précédemment (page 91, note 1), nous sommes entré dans des détails circontanciés qui ne sauraient laisser aucune espèce de doute sur le lieu de leur provenance ni sur le nom du peintre.

par l'âge, et sur son noble visage, sur toute sa physionomie, respirent le calme et la méditation.

***

Le curé du Mesnil-Opac s'aperçoit que sa santé s'affaiblit de jour en jour. Il sait que « la mort ne « nous dit pas ses secrets ; que, du plus loin qu'elle « nous voit venir, elle nous attend, prend notre me- « sure et se tait ». — Il fait son testament.

TESTAMENT AUTOGRAPHE DE RENÉ TOUSTAIN (1)

Précédé de l'Acte de dépôt

« Avec l'orthographe autant que possible des Actes originaux ».

Nous avons la bonne fortune de pouvoir publier la *transcription littérale* du testament, INÉDIT JUSQU'A CE JOUR, de Messire René Toustain, sieur de Billy, curé du Mesnil-Opac, ... « ce monument magnifique de « piété, de résignation et de bonté »... On nous saurait mauvais gré d'en retrancher une syllabe, et nous nous croirions coupable, si nous ajoutions un commentaire à ce texte sacré. Nous demanderons toutefois la permission de faire remarquer, dans quelques instants, qu'il manque un mot — peut-être — à la belle définition que nous venons de rappeler.

Acte de dépôt et Testament.

Du mardi avant midy trentième jour d'Avril mil sept cent neuf, à Tessy devant les Tabellions.

« C'est devant nous, presenty Damselle Marie *Briard* de *Hervé* de *Fortescu* de la paroisse de Saint-Pierre-d'Artenay, laquelle

(1) Que l'heureux possesseur de *l'original* du Testament de René Toustain, — dépositaire des minutes du Tabellionnage de Moyon, — *Me Le Bas,* notaire à Tessy-sur-Vire (Manche), veuille bien agréer nos remerciements pour le gracieux empressement qu'il a mis à nous faire parvenir une *copie textuelle* de cet autographe — précieux entre tous...

nous a deposé et mis aux mains certains escrips et papiers blancs non formullé, contenant testament et depossition des dernières volontés de noble et discrepte personne Me René *Toustain* pb curé du Mesnil au part de lui signé portant datte du quatre de ce mois par lequel entre autres choses ledit sieur curé prie et requiert la dite dam^elle^ deposante de prendre le soin de son inhumation et de faire prier pour le repos de son ame et pour cet efait lui cedde une somme de cinq cents livres.

« Duquel lecture a este faite apres quoy laditte Damgelle *de Forteu* (sic) a requis qu'il soit par nous mis en forme et qu'il lui en soit delivreres (sic), ce qui a este fait de sa requisition, sans qu'il y aye aucune gloze ni rayoures, le tout en presence de Jean-Joseph Legablier et Estienne Pierre paroissiens de Beaucoudray et de Tessy temoins signes, lecture faite. »

Controllé à Tessy, ledit dernier jour d'avril 1709, reçu douze sols 38. Signé : P. Mancel.

Suit le Testament

« Au nom de la trez sainte Trinité.

Le quatrième jour d'avril mil sept cent neuf, moi soubrsigne Rene Toustain prestre curé du Mesnil au part, *assez infirme depuis six semaines,* et ne voulant pas sortir de ce monde sans donner quelque ordre à mes affaires ay fait le present de ma propre main, en forme de testament et disposition de dernière volonté de la manière qui suit.

« Premièrement je veux vivre et mourir dans la Ste religion catholique sans laquelle il n'y a point de salut. Je demande très humblement pardon à Dieu d'une infinité de désobéissances que j'ay fait à sez Sts Commandements. Je déclare en être repentant de tout mon cœur et je mouray dans l'espérance d'en obtenir pardon pour les merites du sang de Jusus Chrix (sic) notre Dieu et Sauveur qui a esté répandu pour ses pécheurs.

« *Je souhaite que mon corps soit inhumé dans le chœur de l'Eglise du Mesnil au part du costé de l'Epistre hors le Sancta Sanctorum a la droite du lieu ou fut autrefois inhumé le corps de feu Dam^elle^ Madeleine de Baudre ma mère soubs la statue de Saint Roch.*

« Je prie Mad^elle^ de Fortescu épouse de Hervé de Fortescu escuyer de vouloir bien donner le soin de mon inhumation et mez funerailles qu'elle fera faire ainsi qu'elle le jugera a propos et selon ma condition. Je lui legue pour ce sujet la somme de cinq cents livres a prendre sur tous mes biens meubles et spécialement mes bleds et grains tant sur ceux qui sont en la grange et greniers que sur la récolte prochaine.

« Outre les six messes que la Dam[elle] de Fortescu est obligée de faire dire célébrer pour mes parents et moy tous les ans en la dite Eglise du Mesnil au Part, je desire qu'elle fasse de mes dits grains et récoltes cent livres une fois payer pour être constituées en cent sols de rente hypotheque au benefice des prestres et tresor de laditteEglisepour faire a célébrer deux services par an pour le repos de mon ame le premier jour qu'arrivera mon décès et l'autre six mois, ainsy a perpétuité.

Signé : R. TOUSTAIN.

Nous disions, il y a un moment, qu'un point sérieux nous semblait avoir été laissé dans l'ombre, par suite d'un oubli involontaire. Que Toustain de Billy ait été doué de toutes les qualités du cœur, personne ne l'ignore ; mais ce qu'il importe de faire remarquer surtout, *c'est qu'il ne cessa d'être un modèle de piété filiale*. Ce fut un bien touchant spectacle que de voir ce vénérable ecclésiastique... « assez infirme depuis six semaines » indiquer, aux dernières heures de son existence terrestre, l'endroit où il voulait être inhumé Son souhait fut accompli : le curé du Mesnil-Opac repose auprès de la tombe sur laquelle il s'agenouillait chaque jour pour prier, — à côté de la personne qu'il aimait le plus après Dieu, — à côté de sa mère ! !

⁂

II

Nouvelle visite au Mesnil-Opac.

Tout d'abord, par respect pour la mémoire de T. de Billy, je mets en tête du complément de cette Notice— comme en une place d'honneur, — le tableau d'un des plus intéressants épisodes de la journée du 7 juin.

***

« Panégyrique de René Toustain ».

Après la cérémonie religieuse, on se rend au lieu désigné pour la réunion. — Figurez-vous l'ancien maire du Mesnil-Opac, l'un des membres de la Société d'Archéologie, M. de la Garanderie, — debout au milieu de l'assemblée. (1) « Plein du Dieu qui l'obsède », il lit, d'une voix émue et à la fois communicative, une pièce de vers fort bien appropriée à la circonstance, et dans laquelle on rencontre, à côté des plus suaves pensées, un parfum d'amour et de piété. C'est un remerciement à MM. les Membres de la Société d'Archéologie de la Manche, et, avant tout, comme le lecteur peut s'en convaincre, un hommage solennel au HÉROS DE LA FÊTE, à *l'Enfant du Bény*, au *Curé du Mesnil-Opac.*

La Fleur du Souvenir, des Fleurs est la plus belle.

C'est bien effectivement cette fleur que l'orateur a choisie pour tresser la couronne de l'illustre curé du Mesnil-Opac ; il grandit, il s'élève dans les hauteurs, et célébrant l'historien en traits de flamme, il suspend,

---

(1) Par honneur, tous les assistants se tiennent également debout. D'ailleurs, nulle mise en scène.

pour ainsi dire, à ses lèvres un auditoire enthousiaste et ravi... (1)

Au Mesnil-Opac, le 7 Juin 1883.

TOUSTAIN DE BILLY.

POÉSIE.

A MM. les Membres de la Société d'Archéologie de la Manche.

MESSIEURS,

Il est un sentiment qui palpite dans l'âme,
Survivant au passé par delà les tombeaux,
Qui traverse les temps, ainsi qu'un trait de flamme,
Pour atteindre parfois les plus humbles hameaux.

Du *Souvenir* j'ai dit à l'instant la puissance,
J'en ai dit aussi bien tous les nombreux bienfaits;
On a besoin de lui, car pourrait-on en France
Oublier le passé, quand il fut beau ? Jamais!

Le présent s'enrichit à sa riante image,
L'Histoire est le soleil pour notre humanité;
Et les brillants rayons de ce noble visage,
Font naître parmi nous, on le sent, la fierté.

Le *Souvenir* a donc un pouvoir ineffable,
Désormais en ces lieux il aura son autel;
Puis un nom s'y lira, visible, mémorable,
L'homme de bien, Messieurs, doit fleurir immortel.

Si Toustain de Billy, dans sa tombe rustique
Fut caché si longtemps, il devait en sortir,
Cependant certain jour... le voici ce portique
Qui s'ouvre devant lui... celui de l'avenir!

(1) La Société d'Archéologie voulant perpétuer le souvenir de « l'Hommage rendu au Curé du Mesnil-Opac », a eu l'excellente idée d'en voter, par acclamation, l'impression immédiate.

L'oubli ne pouvait pas ensevelir dans l'ombre
Ses ossements bénis ; honneur à son cercueil !
Qu'il se lève aujourd'hui du sein de la nuit sombre
Cet illustre *Pasteur*,... et c'est là notre orgueil.

Au savant il faut bien un légitime hommage,
C'est justice ; semons des fleurs sur son tombeau ;
Que ce tribut du cœur, et c'est le moindre gage,
Renaisse chaque jour... qu'il soit toujours nouveau.

C'est grâce à vous, Messieurs, qu'une noble étincelle
A pu de ce pays rallumer les ardeurs ;
On bénira long-temps cette bonne nouvelle
Qui comme le printemps fit tressaillir nos cœurs.

Oui ! les passants pourront, suspendant leur voyage,
Visiter ce saint lieu, puis tout près d'un autel
Offrir à de Billy leur gracieux hommage ;
Le peuple le lui doit — désormais — solennel.

Enfants, qui regardez devant vous dans la vie,
Parce que l'avenir nous montre ses clartés,
Sachez que le passé peut bien de votre envie
Exciter les soupirs,... et qu'il a ses beautés.

Quant à nous gens du lieu, qui près d'un mausolée
Savons parfois pleurer, allons avec émoi
Entourer ce tombeau, conduits par la pensée
De celui qui mourut plein d'amour et de foi !

Sachons nous rappeler qu'autrefois ce Bocage
Fut empreint de ses pas, qu'il franchit nos côteaux ;
Imprimant en tous lieux sa belle et douce image,
Ecoutons bien !!! son nom... murmure en nos ruisseaux.

Cette église, d'ailleurs, si longtemps son asile,
Qu'il combla de ses dons, le redit à son tour ;
Qu'il y repose en paix ! Que son âme tranquille,
Daigne agréer nos vœux, j'ai dit nos chants d'amour.

A. PAYEN DE LA GARANDERIE,
Ancien Maire du Mesnil-Opac. (1)

(1) Saint-Lo, imp. d'Élie fils.

Recherches Historiques et Archéologiques sur la commune du Mesnil-Opac.

C'est là, c'est au sommet de cette colline qu'est perché le petit village du Mesnil-Opac. Montez encore, et près du Calvaire (1) élevé sur le bord de la route de Saint-Lo à Tessy-sur-Vire, prenez le chemin qui conduit à la modeste et gracieuse bourgade. D'un coup d'œil vous l'embrassez tout entière. A droite, l'église de Toustain de Billy au milieu du cimetière, la vieille maison d'école ; à gauche, la maison Dyvrande, (ancienne grange des dîmes,) et, un peu plus loin, — comme formant le fond du tableau, — le presbytère. Des ifs, plusieurs fois séculaires, impriment au paysage un caractère mélancolique et religieux. Cette description esquissée à grands traits serait incomplète, si nous n'ajoutions, dès-maintenant, que de ce point un splendide panorama se déploie sur les campagnes environnantes.

Nous réservions une surprise aux lecteurs. Les dessins que nous intercalons dans notre texte ne sauraient qu'être agréables aux personnes amies du progrès. C'est, pour nos petites localités, une innovation qui n'est pas sans charme. (2)

---

(1) La croix du Mesnil-Opac, qu'on voit encore, à côté d'un calvaire, nouvellement érigé, fut établie par René Toustain de Billy, ou de son temps. Du reste, c'est à la même époque que remonte un autre croix qui existe à l'entrée du cimetière.

(2) On sait que M. Le Franc, professeur au collége de Falaise, a des goûts et des aptitudes artistiques, qui lui ont permis, depuis plusieurs années, de vulgariser dans le Calvados et dans les départements limitrophes d'utiles notions élémentaires de Géographie, d'Histoire et d'Archéologie. M. Le Franc est Virois, et, à ce titre, il a bien voulu nous offrir, en l'honneur de Toustain de Billy, spontanément et avec un désintéressement complet, les délicieux croquis qu'il a faits sur place et que nous insérons dans notre publication. Nos plus vives félicitations et nos remerciements les plus sincères à notre obligeant compatriote qui n'a point oublié son berceau !

PRESBYTÈRE DU MESNIL-OPAC

En 1883.

Voici l'humble maison telle qu'elle nous apparut, lors de notre première visite : c'est la demeure que Messire René Toustain de Billy occupait il y a deux siècles. Le presbytère du Mesnil-Opac est couvert en chaume comme autrefois, et comme autrefois aussi on lit sur sa façade le millésime de 1676. Qu'on veuille bien au surplus se reporter aux autres détails que nous avons donnés précédemment. (1) Tout, dans le vieux presbytère, est peuplé des souvenirs de Toustain de Billy : Voici la chambre de travail du savant historien. C'est là qu'il ferma les yeux à sa mère, et qu'il s'éteignit lui-même. (2)

A partir de l'extrémité orientale de l'église, le sol est incliné légèrement, et, à quelques pas au-dessous, se trouve un pli de terrain, formant une sorte de dépression ; c'est à cet endroit qu'est assise et un peu cachée aux regards, l'ancienne demeure de Toustain de Billy. Encadrée par la grille et les petits

(1) Voir notamment page 26.

(2) Nous manquerions aux convenances, si nous ne disions, dès ce moment, que le curé actuel du Mesnil-Opac, vénérable octogénaire, M. l'abbé Desvages, nous a fait les honneurs de son église et de son presbytère avec le plus gracieux empressement, et qu'il nous a parlé de « l'illustre historien » avec une respectueuse admiration.

bâtiments que figure notre croquis, (1) elle semble, aujourd'hui encore, un lieu de retraite, propre au recueillement. Mais comme tout a changé, même dans le village du Mesnil-Opac, depuis la mort de l'abbé de Billy! Maintenant il ne reconnaîtrait plus sa solitude chérie, sa petite Thébaïde, et il ne lui serait plus permis de prononcer ces paroles que nous demanderons la permission de rappeler ici, pour la dernière fois. RUSTICUS INTER RUSTICOS !... *Je n'y peux estre poli,* N'AYANT DE CONVERSATION QU'AVEC LES BOIS, LES ROCHERS ET LES BESTES SAUVAGES...

Eglise du Mesnil-Opac.

Traditions. faits et recherches historiques. L'église du Mesnil-Opac dont je me propose d'étudier les transformations successives est ancienne. Préciser la date de sa fondation serait difficile. Voici ce qui m'a été raconté : suivant une tradition toujours accréditée chez les anciens du pays, l'église primitive du Mesnil-Opac se trouvait, — du côté du couchant, — vers la commune du Mesnil-Herman, à l'endroit connu sous le nom de la Hédouvière, c'est-à-dire, à quatre kilomètres environ du lieu *où vous la voyez aujourd'hui.* A la Hédouvière, en effet, il existe un champ dont M. Jules Lesage de Tessy-sur-Vire est propriétaire ; cette parcelle, portée à la matrice cadastrale du Mesnil-Opac, s'y trouve désignée sous le nom du *Champ de la Croix.* Notre guide nous y a fait remarquer *une pierre ayant servi de pas de Croix.* Sans doute, ce ne sont là que des présomptions et des indices ; toutefois il était utile de les constater ici, afin d'en conserver le souvenir.

On croit généralement dans la contrée que l'église actuelle a été bâtie par deux moines appartenant à

(1) Le bâtiment carré, à la gauche du lecteur, s'appelle la *Petite Mairie.* La commune du Mesnil-Opac sera dotée prochainement d'une *Mairie* et d'une *Maison d'école* beaucoup mieux appropriées à leur destination.

un petit monastère qui aurait existé au-dessous de l'emplacement actuel. A quelle époque et dans quelles circonstances? On n'a pu nous l'apprendre.

D'une des lettres (1) que nous devons à l'extrême obligeance de M. Renault, conseiller honoraire, auteur de remarquables travaux sur le Cotentin, nous extrayons le précieux renseignement ci-après :

... *L'église du Mesnil-Opac, Mesnilum Opac, est sous le vocable de Notre-Dame; le patronage en appartenait à l'abbaye de St-Lo dès le temps de Henri* II *et elle payait* 60 *L. de décimes...* (2)

C'est, à n'en pas douter, à l'église actuelle que s'applique cette citation. La maçonnerie des murs latéraux est peu régulière, et certains autres indices permettent à l'archéologue de se faire une opinion.

Les pierres en arête de poisson que l'on voit, dans la façade du couchant, des deux côtés de l'ancienne porte principale depuis long-temps supprimée, le plein cintre de cette porte, et les petites fenêtres romanes dont plusieurs subsistent encore, annoncent, d'après M. de Caumont, le xe ou le xie siècle.

Voulez-vous avoir une idée de ce qu'était l'église du Mesnil-Opac, à l'époque où l'abbé de Billy prit possession de sa cure? Il vous suffit de jeter un coup-d'œil sur l'esquisse ci-après, pour apprécier l'ensemble de la construction primitive et pour en bien saisir les principaux détails.

---

(1) Cette lettre du savant écrivain contient d'autres indications historiques dont nous ferons notre profit plus tard.

(2) Henri II, roi d'Angleterre et duc de Normandie, monta sur le trône en 1154, et mourut en 1189.

L'ÉGLISE DU MESNIL-OPAC

En 1676.

Suivant l'usage, l'église est établie à peu près dans la direction de l'est à l'ouest. Ici vous l'apercevez dans sa longueur, et notre croquis en représente le côté méridional. A l'époque où l'abbé de Billy vint la desservir, en réalité, ce n'était qu'une sorte de nef allongée, une simple chapelle dans l'acception rigoureuse du mot, — n'ayant alors ni transept, ni sacristie. Cette image offre trois particularités dignes surtout d'attention : les fenêtres romanes, — hautes et étroites, la porte d'entrée, avec plein cintre, ouverte dans la façade vers le couchant, — et le clocher qui se trouve, au milieu de l'édifice, entre chœur et nef.

Pour suivre l'ordre chronologique, je devrais m'occuper, avant tout, de la construction de la sacristie par Toustain de Billy ; mais le récit pouvant y perdre sous le rapport de la clarté, je préfère parler d'abord du clocher. Le curé du Mesnil-Opac, dès le principe, avait compris qu'en le reportant au bout de la nef vers couchant, il arriverait en peu de temps à transformer son église. Déjà, — nous faisant l'écho du vénérable curé, — nous avons raconté, à l'occasion du clocher de l'église, ses projets, ses inquiétudes, et, en définitive, son triomphe. (1) Nous n'avons rien à ajouter aujourd'hui à cet égard, et nous nous contenterons de constater des résultats.

L'EGLISE DU MESNIL-OPAC

Après le déplacement du clocher

En 1680.

Comparez l'image que vous avez en ce moment sous les yeux au croquis précédent. Le clocher, placé d'ancienneté au milieu de l'église, se dresse gracieusement, depuis 1680, à l'extrémité de la nef. La porte primitive a disparu, et elle est remplacée par un porche, s'ouvrant dans le côté méridional de l'édifice.

---

(1) Voir les pages 34, 35 ; — lire plus particulièrement l'extrait du registre *(Le Livre d'Or)* du Mesnil-Opac, dans lequel Toustain de Billy lui-même rappelle et décrit avec tant d'exactitude « le transport de son clocher ».

Ainsi commencent à se réaliser les prévisions de l'abbé de Billy.

C'est du *Clocher de Toustain* qu'il s'agit, et l'on nous permettra bien, sans doute, d'entrer dans quelques détails. Il est tout en bois, et la charpente en est formée par l'assemblage de 4 gros piliers de 0,20 centimètres en carré, reliés les uns aux autres par 4 montants, le tout « en vieux chêne ».

Une pièce de bois perpendiculaire allant de bas en haut et se trouvant au milieu de la chambre des cloches, sert d'appui au clocher qui, de quadrangulaire à sa base, devient octogonal, puis se termine en pointe, par deux croix en fer et le coq. La chambre des cloches mesure 2 m. 50 sur 2 m. 50, à l'intérieur. Deux cloches y sont logées ; le logis est exigu, mais suffisant.

La petite s'appelle « Marie-Antoinette » : elle est de 1840. Son parrain est Georges Briard du Mesnil-Opac, et la fille de ce dernier est la marraine.

La grosse, « la Georges d'Amboise de la Basilique » ! est de 1852, par remplacement ; car, à cette date, il y en avait deux, contemporaines très-probablement de Toustain de Billy. Son parrain fut M. *Léonor* Havin, ancien député de la Manche, etc, « originaire du Mesnil-Opac », et la marraine, Madame Rosalie *du* Quesne, née *le* Jolis *de* Villiers, de la paroisse de Saint-Romphaire :

Maire : Gabriel Fontaine. — *Curé,* l'abbé Julitte.

Noms de la cloche : *Rosalie Marguerite.* (1)

---

(1) *Un détail historique.* On se souvient toujours à Thorigny-sur-Vire, — nous y a-t-il été assuré, — de la réponse que fit M. *Léonor Havin,* quand on lui demanda d'être le parrain de la « Grosse Cloche », et qu'on lui eut appris que la marraine avait choisi le nom de « Rosalie ». — *Marguerite,* dit aussitôt le vieux parlementaire auquel le 2 décembre venait de donner des loisirs, *c'est le nom de ma mère, c'est donc le plus suave qu'il me soit possible de choisir pour l'associer à celui de Rosalie » !* — Hommage d'une exquise délicatesse et pour la marraine et pour la mère du parrain.

Le clocher peut se décomposer en deux parties. Mesuré à l'intérieur, il donne les dimensions suivantes :

1° Du sommet au plancher du clocher .	10 m.	60
2° Dudit plancher, au chambre des cloches d'un autre plancher au-dessus de la nef	4	»»
3° De là au sol de l'église	4	60
Hauteur totale	18 m.	60

L'église est placée sur un monticule, d'où l'œil plonge sur le pays, — le canton de Tessy, — Suisse en miniature, par suite des inégalités de terrain.

Du clocher du Mesnil-Opac, nous voyons, presque sous nos pieds, le bois de Moyon et le massif clocher de cette paroisse. De là, on suit, pour ainsi dire, les pas du savant historien, qui sort de son presbytère, un bâton à la main.

Aux extrémités de l'horizon, vers le sud-est, nous croyons apercevoir, *sinon la ville de Vire*, du moins *ses environs*. A 3 kilomètres de distance du point où nous sommes, du côté du nord-ouest, on voit l'église de Saint-Romphaire dont le clocher s'élance sur une éminence magnifique. (1)

Touriste en détresse.

Un beau jour, se croyant seul, un original se glisse dans le clocher du Mesnil-Opac. A peine est-il arrivé, qu'il s'effraie.

« Et monté sur le... faîte, il aspire à descendre ».

---

(1) Cette éminence de Saint-Romphaire dérobe aux yeux de l'observateur, entre autres communes, celles de *Baudre*, de *Saint-Thomas*, la bonne ville de *Saint-Lo*, et les paysages grandioses se déroulant, au-delà, vers Saint-Georges de Moncoq et autres lieux.

Mais comment fera-t-il ? Vieille et branlante, — nous l'avons vu par nous-même depuis, — l'échelle, (1) à son extrémité supérieure, n'atteint pas même au niveau du plancher. Ni appui, ni corde où il puisse se suspendre. Couché à plat ventre, au bord même de la trappe, il balance ses pieds dans le vide, ... cherchant le premier échelon. Enfin, à ses cris, accourt le sacristain ; il était temps ! Notre touriste

« Jura, mais un peu tard, qu'on ne l'y prendrait plus ».

L'aventure, d'après la légende, fit grand bruit dans... le Mesnil-Opac.

Une fois sorti du clocher, non sans quelque inquiétude, nous respirons, et à notre esprit viennent s'offrir les souvenirs du passé. Ce fut là que le curé Toustain mit le pied, pour la première fois en 1676, dans cette petite église, qui était alors dénudée et beaucoup plus pauvre qu'elle ne l'est aujourd'hui. Ce fut là que, pour la première fois, il consacra sa vie à sa paroisse, et, peut-être vit-il, au coup d'œil de sa foi et de ses espérances — la place où, en 1709, il devait y descendre dans la tombe.

La Sacristie de Toustain de Billy.

Afin de prévenir toute confusion et pour mieux fixer les souvenirs, nous donnons ici la reproduction textuelle des registres *(Le Livre d'or)* du Mesnil-Opac.

« En cette année (1677) moy soussigné curé dudit lieu ay fait
« faire la sacristie à mes frais de la manière qu'elle est. Le
« nommé Legendre de la paroisse du Bény, ses enfants, et
« Michel Viel, aussi dudit lieu, ont fait le massonnage. (sic),
« Jean et Macé Pierre frères, de cette paroisse ont fait le bois.

Signé : R TOUSTAIN.

---

(1) Ne semble-t-il pas certain que cette « vieille échelle », que M. le Maire nous a promis de faire réparer, *pour la conserver*, a servi quelquefois à Toustain ?

A peine installé dans son presbytère, l'abbé de Billy reconnaît la nécessité d'avoir une sacristie, et, avec sa perspicacité habituelle, il voit, à l'instant, que c'est le premier travail qu'il doit faire pour augmenter son église. Il dresse aussitôt le plan de la sacristie, le fait exécuter, et paie seul tous les frais. C'est afin qu'on puisse en apprécier plus exactement les détails, que le dessin ci-après représente cette annexe isolée et figurée sur une échelle relativement grande.

SACRISTIE CONSTRUITE

Par Toustain de Billy

En 1677.

On remarque, dans le mur de la sacristie, en divers endroits, des pierres de formes bizarres. Un certain nombre d'entre elles sont très-grosses, et paraissent provenir de dalles tumulaires, ou de blocs d'un volume plus considérable encore. Le haut de la fenêtre notamment a été taillé dans un seul morceau. — Ces pierres auraient-elles appartenu, dans les temps antérieurs, à une église ou à d'autres édifices qui auraient existé dans le voisinage ? Quoiqu'il en soit, la forme de leur taille accuse le passage du plein cintre à l'ogive, ou l'époque de transition.

Les deux Chapelles de l'Eglise du Mesnil-Opac.

L'exemple donné par René Toustain ne tarda pas à être suivi, et son église se vit dotée de deux chapelles dues à la générosité des sieurs « du Brisoult » et « de Bricqueville ». Quelques détails sont indispensables.

Celle qui est du *côté de l'Epître* (chapelle du Brisoult) fut construite en 1685. Elle est consacrée à Saint-Herme, dont l'autel porte le nom. (1) Toustain de Billy nous apprend lui-même (2) que cette chapelle fut bénite par le curé de Notre-Dame de Thorigny. De son temps, elle avait « sa Fête ». Aujourd'hui c'est tout simplement un autel, qui, nous a-t-il été assuré, est l'objet d'un pélerinage à « Saint-Herme » *en faveur des enfants rachitiques*. On nous a montré sur cet autel une châsse renfermant des reliques, — *un os,* — qu'on fait toucher, paraît-il, à travers un vitrage, aux langes des enfants malades.

Quant à l'autre chapelle, je me contente d'en rappeler la description que l'abbé de Billy a pris soin d'en faire. On lit, à la mairie, dans le registre tenu par lui :

---

(1) A deux mètres environ de l'autel, près de la contre-table, nous avons remarqué un charmant médaillon orné de *l'inscription circulaire* suivante : EX. D. Philippe. le Vallois. D. Brisout. 1685. — Ce médaillon, objet d'ornementation intérieure, consacre un *souvenir,* c'est-à-dire l'époque à laquelle la chapelle de Philippe Le Vallois du Brisoult a été finie, et c'est à ce titre que nous le mentionnons.

(2) Le registre du Mesnil-Opac tenu par R. Toustain.

« Audit an (1687) Benedic de Beton, esc. s[r] de Bricqueville
« (1) a fait faire la chapelle qui est du *côté de l'Evangile* en la
« manière qu'elle est, ...et s'est obligé de l'entretenir à ses
« frais; *les paroissiens ont droit d'y seoir* ET LUI DE SEANCE.
« *Elle doit être toujours ouverte* (2) pour la commodité des
« paroissiens; elle doit être dédiée à Saint-Sébastien... »

Signé : *R. Toustain.*

EGLISE DU MESNIL-OPAC

Entièrement transformée

En 1687.

Enfin la volonté de Toustain de Billy est accomplie ! Le dessin ci-dessus nous représente son église comme

(1) Dans la commune du Mesnil-Opac, il existe un hameau appelé *Bricqueville*. Ce Bricqueville n'est point le berceau de l'illustre famille qui porte le même nom.

(2) Ce mot *ouverte* nous rappelle un fait historique que nous avons retrouvé dans d'anciennes notes. On connaît l'Us OUVERT à Feugères, arrondissement de Saint-Lo. La chapelle de l'*Us ouvert*, (huis, porte) n'est jamais fermée, même la nuit. Il nous fut affirmé, — il y a bien long-temps déjà, — que jusqu'alors il ne s'y était produit aucun événement fâcheux. Que s'y est-il passé depuis notre visite ?...

elle est depuis 1687, époque à laquelle le sieur de Bricqueville fit construire la Chapelle dédiée à Saint-Sébastien, (côté nord). (1)

Recherches archéologiques dans l'église du Mesnil-Opac.

Voici les tombeaux et les pierres qui les recouvrent.

COTÉ DE L'ÉPITRE.

I

A *Dans le chœur.* — *R.* TOUSTAIN *de* BILLY, décédé le 17 avril 1709. Tout près de lui, sa MÈRE, et un parent, Jacques TOUSTAIN, sieur de Billy, le chevau-léger, dont j'ai donné l'acte de décès.

B *A l'entrée de la chapelle du Brisoult,* où est l'autel Saint-Herme, il y a une sépulture de 1517. C'est la tombe d'un *Julien Pynel,* escuier, s[r] des *Hayes,* peut-être aussi de la *Fouquerie.*

C *Dans la nef,* toujours du côté de l'Epître se trouve la sépulture de Bertrand *Pynel,* s[r] de l'Auney, escuier, 1572. Une pierre contiguë à la précédente ne porte pas d'armes ; l'écusson n'en laisse pas voir. On ne peut lire l'inscription en entier. Il en est de même pour deux autres pierres qui viennent après celle-là, elles ne sont plus entières, et les inscriptions en sont effacées.

COTÉ DE L'ÉVANGILE.

II

A *Dans le chœur,* à la hauteur de la pierre recouvrant *R.* TOUSTAIN *de* BILLY, on trouve une sépulture de 1615, 25 Décembre, d'un Julien *Pynel,* s[r] de la Foulquerie. Du reste, les *Pynel* étaient s[rs] des *Hayes* (Chamillard, 1666, Armorial de Normandie.)

---

(1) Les quatre croquis concernant l'église indiquent les modifications successives qu'elle a subies : *construction de la Sacristie,* 1677 ; — *déplacement du Clocher,* 1680 ; suppression de la porte primitive vers couchant, remplacée par un porche au midi ; — *les deux Chapelles,* formant un transept ou les deux bras d'une croix ; *Saint-Herme,* 1685, *Saint-Sébastien,* 1687.

» *A l'entrée de la chapelle de Bricqueville,* — où est l'autel Saint-Sébastien, il y a une sépulture, mais la pierre en est aux trois quarts cachée par les sièges.

« *Dans la nef,* de l'autre côté de la tombe de *Bertran Pynel,* il y a la pierre de Julien *Pynel,* 1589.

La famille Pynel porte :

« D'or à la bande de Gueules, au lion de sable brochant sur « le tout ».

Les autres pierres sont usées par le frottement des chaussures.

Il y a bien encore, *dans la nef,* une sépulture de Jacques *Pynel,* armoiriée, mais tellement dépouillée de ses inscriptions et de ses *ornementations* qu'on ne fait que soupçonner.

L'église du Mesnil-Opac est donc aussi la sépulture de la *Famille Pynel.* (1)

Peut-être le lecteur voudra-t-il bien considérer la petite Notice qui précède, comme un *feuillet,* comme un *aperçu* du « Livre des Souvenirs » dont je réclame la création.

Exemple à suivre. — En parlant des « Adjudicataires et des Maçons », j'ai fait entendre un cri d'alarme. Ai-je eu tort ? Ecoutez plutôt ; lorsqu'on refit le pavage neuf de l'église du Mesnil-Opac, l'épitaphe de la pierre tumulaire de Toustain de Billy était effacée presque entièrement. L'adjudicataire prétendait faire table rase, c'est-à-dire enlever toutes les dalles, y compris celle du curé du Mesnil-Opac. Mais M. Jacques *Lemeray,* maire actuel, (il n'était alors que conseiller municipal,) s'y opposa ; son avis prévalut. Heureusement !.. Sans quoi des monuments auxquels se rattachent de précieux souvenirs eussent été détruits, et

(1) On se souvient que, d'après l'acte de décès de Messire René Toustain, dressé le 18 avril 1709, il existait à cette époque au Mesnil-Opac deux ecclésiastiques du *nom de Pynel :* André *Pynel,* noble homme, Me André *Pynel,* prestre, — et Philippe *Pynel,* — noble homme, Philippe *Pynel,* acolyte,

l'on n'eût jamais pu restituer la pierre tombale de Toustain de Billy...

Longueur de l'église, à l'intérieur.

Du clocher à l'autel du chœur	23 m.	»»
La sacristie est longue de	3	»»
Ensemble . . .	26 m.	»»

Longueur de l'église, à l'extérieur.

Sa longueur totale est de	27 m.	54
Sa largeur est de	5	35
Les chapelles de Saint-Herme et de Saint-Sébastien ont une longueur, d'un bout à l'autre, en traversant le chœur, de . . .	16	25
Leur largeur est de	5	20

La voilà cette église de Messire Toustain de Billy, « sa Basilique » ! — Il sut s'en contenter...

Le cimetière du Mesnil-Opac.

Naguère encore, le cimetière était entouré d'une haie mal entretenue, et transpercée en cinquante endroits. Mais aujourd'hui, grâce à l'administration du maire actuel, il est parfaitement fermé au moyen d'un mur et par des barrières nouvelles. Ce cimetière est d'une étendue relativement considérable, et bien situé.

Nous y avons remarqué plusieurs sépultures.

Une *sépulture ancienne* est celle de Me *Jean Flambard,* décédé à l'âge de 60 ans, curé de la paroisse, le 15 juin 1821.

Une autre est celle de *Pierre Havin,* décédé maire de la commune, âgé de 59 ans, le 15 février 1825.

Une autre est celle de Me *François Havin,* décédé curé du lieu, en 1829, à l'âge de 63 ans.

Une autre est celle de M. *Léonor Havin*, ancien conseiller à la Cour de Caen, ancien juge au Tribunal de cassation, décédé en 1829. Ce Léonor Havin était le père de M. *Léonor Havin*, qui fut le parrain de la « Grosse Cloche » avec madame du *Quesne*, de Saint-Romphaire.

Nouveaux extraits du « Livre d'or » du Mesnil-Opac.

Je dois consigner ici des événements qui firent époque dans la vie de René Toustain. Les souvenirs dont il s'agit permettent de pénétrer dans son intérieur, et de prendre part, si je puis dire, aux joies et aux peines qu'il ressentit dans ces circonstances. L'abbé de Billy ayant perdu sa mère éprouva de plus en plus le besoin de se rapprocher des siens. Messire René Toustain était un homme de caractère. Mais ce que nous tenons à rappeler, c'est que toujours il se montra plein d'affection et de dévouement pour les membres de sa famille. Toustain était de ceux qui disent : mon ami est heureux, je l'attends ; il souffre, je vais au-devant de lui : — c'était un cœur d'or. Les lecteurs, sans doute, reconnaîtront au premier coup-d'œil avec quel respectueux empressement les personnes les plus distinguées du pays venaient se grouper aux côtés du savant et vénérable curé.

Les registres de l'état civil rédigés par l'abbé de Billy mentionnent notamment : *la mort de Jacques* TOUSTAIN, *sieur de Billy ; l'union de la* NIÈCE *du curé du Mesnil-Opac, Marie* EUDELINE ; *l'union de Marie* BRIARD *avec Hervé de* FORTESCU, *dont il fit plus tard son exécutrice testamentaire.*

« *Année* 1676. Le vingt huit du mois de décembre audit an, jacques TOUSTAIN, escuyer sieur de BILLY, capitaine de chevaulx-léger, major de Brigade et depuis brigadier de gendarmerie de la garde ordinaire du Roy est décédé, etc. (1)

Voulant éviter un double emploi, nous ne reproduisons pas le texte entier de l'acte de décès que l'on connaît déjà. Il s'agit d'une question généalogique pour la solution de laquelle nous n'avons rencontré aucun document. En existe-t-il? On nous l'a dit, mais sans rien justifier. La difficulté offre de l'intérêt ; elle peut, croyons-nous, se traduire ainsi :

Le « Capitaine de chevaulx-léger », *Jacques* Toustain, *sieur de* Billy, était-il *l'un des fils* de *Jacques Toustain*, sieur de Billy, l'acquéreur du Hamel-Aumont, et par suite le frère de *Charles*, sieur de la *Goderye* et de *François*, sieur de la *Vallette*, et, par une conséquence ultérieure, l'oncle de Messire René Toustain, curé du Mesnil-Opac?

L'acte de décès, disons-le tout d'abord, est peu explicite : il n'indique ni son âge, ni le nom de ses père et mère. Le « chevau-léger » aurait-il été *le frère* du curé du Mesnil-Opac? L'acte est muet. Son parent? Même silence. Toutefois certains détails tendraient à faire croire, à première vue, que le brigadier *était, pouvait être* le *frère* de *Charles* et de *François Toustain* : il s'appelle *Toustain*, il porte le même prénom *(Jacques)*, et la même qualification que le *père* de Charles et de François, qui, — eux, — prennent les titres des sieurs de la Goderye et de la Valette. Le bon curé aime et reçoit ses parents, et c'est là, c'est au presbytère du Mesnil-Opac que le vieux soldat vient prendre ses invalides. Il meurt, et il est inhumé avec solennité ; on le dépose dans le chœur de l'église, non

---

(1) A la page 9, nous avons donné in extenso l'acte de décès de Jacques Toustain, le « Capitaine des Chevaulx-léger », et posé le problème à résoudre.

Puis, à la page 20, note (2), après avoir constaté un fait important, nous réitérons la question, nous réservant de l'apprécier plus tard.

loin de Madelaine de Baudre, veuve de François, sieur de la Valette, mère de René Toustain, décédée trois mois auparavant...

Malgré ces vraisemblances, *en l'absence d'un acte ou d'un fait décisif*, nous admettons la solution négative, et cela, pour deux raisons : Le « Capitaine des chevaulx-léger » ne figure, *à notre connaissance du moins*, dans aucun des nombreux actes intéressant l'AIEUL, le PÈRE et LE PETIT-FILS, et, spécialement, il est resté à l'écart, *d'une manière absolue*, lorsque François et Charles Toustain ont reconnu le testament de Jacques, leur père, et se sont partagé sa succession. Inutile d'ajouter que ce partage a eu lieu du vivant du « chevau-léger », et que l'acte de son décès est signé par le curé du Mesnil-Opac, R. TOUSTAIN.

B *Année* 1680. Le cinq novembre audit an, « en l'église du Mesnil-Opac », René Toustain, après l'accomplissement des formalités requises, *unit en mariage* « Gabriel de GRIMOUVILLE », écuyer sieur du lieu, de la paroisse de la Haye Piquenot, et « Marie EUDELINE », sa *nièce*, fille de « Madelaine *Toustain* », et de « Gilles *Eudeline* », advocat à Thorigny... Etc.

Le tout en présence de Me Gilles *Eudeline*, advocat, père de ladite Marie Eudeline, Mre André *Lenoir*, prestre vicaire de ce lieu, Philippe le *Vallois*, escuyer, sieur du *Brisoult*, François *Gaulhier*, écuyer sieur de la Saucé ; Jacques *Gauthier*, sieur de la Melinière ; Pierre *Bratrix*, escuyer de la Morainnillière, Georges *Hervieux* et autres.

C *Année* 1703. Ledit jour premier de décembre audit an, mariage entre Hervé de FORTESCU, escuyer, sieur de l'Anglet, *de la paroisse d'Arthenay*, d'une part, et *honnête fille*, Marie BRIARD, fille de Guillaume, sieur de...., et de Catherine HAVIN, son épouse,

« Par noble et discrète personne Mre André de Fortescu, « prestre, à la prière et en présence de moy curé soubrsigné...

Signé : *R*. TOUSTAIN ».

Observations rétrospectives à propos du « Manuscrit de l'Histoire Ecclésiastique du diocèse de Coutances. » — Nomenclature des curés du Mesnil-Opac. — L'abbé Barbe.

Il existe, avons-nous dit, (1) beaucoup de *Copies Manuscrites* de l'Histoire Ecclésiastique du diocèse de Coutances. A cette occasion, nous ajoutions qu'il est très-difficile, sinon impossible, de répondre aux questions ci-après : Où est l'original de cette histoire ? A quelle époque et comment aurait-il disparu ?...

Un nouvel examen m'a permis, non point de dissiper les incertitudes, mais, au moins, de constater que les savants écrivains qui ont cru pouvoir indiquer, *par quelles mains le manuscrit original dont il s'agit aurait passé successivement, se sont fondés sur une erreur matérielle.*

En remontant à la source, nous avons « en effet » reconnu que l'*abbé* Barbe, *au lieu d'avoir succédé immédiatement à René Toustain de Billy*, n'est venu après lui, *qu'en septième ordre*. Par suite, « à la mort « du curé du Mesnil-Opac l'original de son Histoire « Ecclésiastique ne passa point à M. Barbe, et ce der- « nier ne put pas en laisser tirer quelques exemplai- « res... » De ce point de départ erroné, devaient découler d'inexactes conséquences...

Nous avons sous les yeux *l'Extrait des Registres de l'état civil du Mesnil-Opac délivré par le maire de cette commune*, (2) et nous le transcrivons intégralement, parce qu'il justifie notre assertion, et surtout parce qu'il contient d'intéressants détails historiques sur cette commune.

« ... — L'acte le plus ancien du Registre de l'état civil est du 6 janvier 1675 ; il fut dressé par Mre Pinel curé.

(1) Voir ci-devant page 48, et spécialement la note (2).

(2) Nous ne pouvons indiquer le jour de l'installation des titulaires, les registres n'en faisant aucune mention.

« ... — Vient ensuite Toustain *de* Billy en 1676; décédé le 17 avril 1709.

« ... — Vient ensuite *Léonor* Havin curé. Son premier acte est du 22 avril 1709; décédé le 25 septembre 1712.

« ... — Vient ensuite *Joseph-Pierre* Fossard desservant. Son premier acte est du 3 novembre 1712; le dernier du 25 décembre 1712.

« ... — Vient ensuite *Guillaume* Ozenne desservant. Son premier acte est du 20 janvier 1713; le dernier du 28 décembre 1713

« ... — Vient ensuite Oury prêtre curé. Son premier acte est du 26 janvier 1714; le dernier du 15 janvier 1753.

« ... — Vient ensuite Oury de la Painterie. Son premier acte est du 26 janvier 1753; le dernier du 15 janvier 1756.

« ... — Vient ensuite *Léonor* Havin desservant. Son premier acte est du 21 janvier 1756; le dernier du 7 février 1758.

« ... — Vient ensuite Barbe curé du lieu. Son premier acte est du 10 mars 1758, et le dernier du 11 décembre 1792.

« ... — Ensuite les Registres sont tenus par *François* Lemeray, officier de l'état civil sous la République, et depuis lors par le maire en exercice.

Décès de *Ursin Augustin* Barbe, le 1er juin 1809.

« ... — Vient ensuite Flambard *Jean François*, en juin 1809; décédé curé du Mesnil-Opac le 15 juin 1821.

« ... — Vient ensuite Havin *Jean François*, curé; arrivé en juin 1821; — décédé le 16 juillet 1827.

« ... — Vient ensuite Le Cardronnel, en juillet 1821; reparti en avril 1841.

« ... — Vient ensuite M. Julitte, en avril 1840; reparti en juin 1851.

« ... — Vient ensuite M. Desvages, Aimable, curé actuel; arrivé le 21 juin 1851.

Pour extrait certifié conforme aux énonciations des Registres de l'état civil.

Le Maire du Mesnil-Opac.

Jacques Lemeray.

RAPPORT DE M. DUBOCS

Ancien Archiviste de la Manche

Sur les deux Suppliques adressées par Toustain de Billy au Chapitre de l'Evêché de Coutances.

J'ignorais l'existence de cette pièce, que je dois à une communication aussi bienveillante qu'inattendue. Rédigé avec une parfaite exactitude, le rapport de M. Dubosc intéresse la mémoire de René Toustain, et contient, en même temps, des détails qu'il me semble utile de mentionner, d'autant mieux qu'on se procure assez difficilement le recueil où se trouve le travail du savant Archiviste. Je le reproduis bien volontiers dans cette Notice comme document historique d'une réelle importance, quoique j'aie publié, depuis quelque temps déjà, (1) les deux Suppliques elles-mêmes in extenso. (2) Depuis lors, j'ai eu l'honneur d'écrire à M. Renault, conseiller honoraire, pour le prier de me dire s'il n'avait point fait quelques travaux sur l'arrondissement de Saint-Lo et notamment sur la commune du Mesnil-Opac. Sa réponse fut immédiate et pleine de courtoisie. (3) M. le Conseiller honoraire ignorait, à cette époque, que j'eusse publié les deux Requêtes de René Toustain. Alors, tout spontanément et pour contribuer à rendre hommage à la mémoire du curé du Mesnil-Opac, le savant écrivain fit des recherches, et daigna m'en transmettre aussitôt le résultat. Voici d'ailleurs la lettre de M. Renault, en tant qu'elle a trait aux deux Suppliques de Toustain de Billy :

---

(1) *Journal de Vire*, du 30 décembre 1883.

(2) *Voir spécialement* les pages 57, 58, 59, 60, 61, 62 de notre Notice, dans lesquelles nous rappelons que c'est Mr *Léopold* Delisle qui, dès le principe, a mis le texte entier des deux Suppliques à notre disposition.

(3) Lettre du 25 janvier 1884.

.., » *Dans le 26e volume de l'Annuaire de la Manche, année* » *1854, p. 328, on lit dans un rapport de l'archiviste au Préfet,* » *ce qui suit :* (1)

« En me livrant à cet examen, — *il s'agit d'archives, provenant de l'Evêché,* — j'ai rencontré deux autographes d'un des hommes les plus distingués de la Basse-Normandie, de René Toustain de Billy, curé du Mesnil-Opac, auteur de recherches fort savantes sur l'histoire ecclésiastique et l'histoire civile du Cotentin. — De ces deux pièces, l'une est écrite en français, l'autre en latin. — C'est une double requête présentée à MM. les Chanoines pour avoir accès au Chartrier du Chapitre. René Toustain nous y apprend, en 1704, cinq ans avant sa mort, qu'il avait été OCCUPÉ PENDANT DIX ANS ET PLUS A COMPOSER L'HISTOIRE ECCLÉSIASTIQUE DE TOUT LE DIOCÈSE DE COUTANCES, *que son ouvrage était achevé, mais qu'il auroit esté avisé* par quelques personnes doctes à qu'il l'auroit faict voir estre nécessaire d'y adjouter les coppies de Chartes que faire se pourroit, comme pour estre des preuves autentiques et des arguments certains des faicts qui estoient alleguez. — En conséquence il prie MM. les Chanoines de lui marquer quelques jours et heures, certaines auxquels le suppliant estant à la porte du thresor ou cabinet de leurs Chartres quelqu'un de leur illustre corps, sage, discret et sçavant et choisy pour ce sujet, lui donne des extraits de quelques unes dicelles. »

« Nous apprenons par cette supplique que notre auteur avait rédigé son histoire en latin et en français « *romano maternoque sermone* ». M. Léopold Delisle avait pensé qu'un abrégé de l'histoire du diocèse, écrit en latin, dont il avait rencontré la mention dans le catalogue de la bibliothèque de l'abbé de Rothelin, sous ce titre : *Renati Turstini Billii* Epitome historiœ ecclesiasticœ Constantiensis, pouvait bien avoir été composé par René Toustain lui-même. La découverte dont j'ai l'honneur de vous entretenir, M. le Préfet, confirme la supposition de notre savant compatriote, et nous révèle ainsi un ouvrage de plus d'un homme qui a bien mérité du pays. »

» *Tels sont, Monsieur, nous dit en terminant M. Renault, les* » *seuls renseignements que m'ont donnés les* 55 *volumes de* » *l'Annuaire de la Manche etc...* »

---

(1) En marge du Rapport, on lit : « Découverte de deux autographes de Toustain de Billy. »

« Histoire du diocèse de Coutances écrite en latin et en français par René Toustain de Billy. »

Notions Etymologiques sur le nom du Mesnil-Opac.

La commune du Mesnil-Opac n'a pas eu de puissants seigneurs; elle ne figure point dans les *Recherches historiques* de M. de Gerville sur les anciens châteaux du département de la Manche.

On a dit :

En 1432	Le Mesnil-au Parc.	
1617	—	au Pas.
1675, 6, 7, 8, 9, 80, etc	—	au Parc.
1703 *Vente du Hamel-Aumont*	—	au Par.
1708 *Acte Me Guemel, nre à St-Romphaire.*	—	au Pas.
1709	—	au Parc.
1772	—	id.
1776	—	Oparc.
1780	—	Opacq.
1819 *Almanach du dépt de la Manche*	Le Mesnil - Opac.	
Aujourd'hui (1884)	—	id.

Pour le philologue, ces variantes, à certains égards, diffèrent sensiblement les unes des autres. On comprend toutefois qu'elles aient pu faire naître, chez des personnes familiarisées avec la langue latine, l'idée d'un endroit couvert de bois, d'épais bocages, *opacus*, *opaca*, *opacum*. Le lecteur n'a point perdu de vue que jadis et même encore du temps de Toustain de Billy, le territoire du Mesnil-Opac et des communes circonvoisines était une sorte de forêt. (1)

Pardon, répondent certains érudits, ce n'est point à cette circonstance que la commune du Mesnil-Opac doit son nom ; ce nom est celui des seigneurs qu'elle avait autrefois.

En effet, dans une Charte (2) donnée à l'abbaye de Fécamp par Guillaume-le-Conquérant, on lit :

La signature de *Bernard fils* d'Ospac.

---

(1) Voir ci-devant page 65 la lettre du curé du Mesnil-Opac, (11 février 1705.)

(2) Gallia Christiana, T. XI, Abbaye de Fécamp.

Dans un Grand Rôle de l'Echiquier de Normandie, on lit :

De Petro OSPAC « pro vino vendito ».

Dans un Grand Rôle du même Echiquier, tenu en 1198, on lit :

Hugo OSPAC reddit compotum de 67 sol. 11 den. de jurea.

Cela posé, ajoutent les partisans de cette opinion, la difficulté s'explique d'elle-même : MESNIL, « Mesnilum », *Manoir*, résidence, demeure ; OPAC dérivé d'OSPAC, par la suppression de la lettre « S ». — Ce dernier nom qui appartenait aux anciens seigneurs de la paroisse a subi, à diverses reprises, des modifications, et a fini par reprendre à peu près la forme qu'il avait du temps de Guillaume-le-Conquérant et probablement à une date antérieure. Si le manoir, « le Maisnil » de Bernard fils *d'Ospac*, de *Pierre Ospac*, de *Hugo Ospac* a disparu entièrement, ... *etiam periêre ruinæ*, l'histoire a recueilli leur nom, et ce nom est resté, en définitive, celui de la paroisse qu'ils avaient habitée long-temps.

En faveur de ce système, on peut faire remarquer encore qu'il existe beaucoup de communes dont le nom s'est formé de la même manière. Dans le Calvados : *Mesnil-Robert*, *Mesnil-Auzouf*, *Mesnil-Benoît*, *Mesnil-Eudes*, etc. : — Dans la Manche, il y en a près de trente : *Mesnil-Adelée*, *Mesnil-Aubert*, *Mesnil-Gilbert*, *Mesnil-Herman*, *Mesnil-Ozanne*, etc. etc.

Tels sont les documents et les motifs que, dès le principe, j'avais publiés moi-même à l'appui de cette deuxième opinion. J'avais eu l'honneur d'envoyer tous les fascicules de ma Notice, au fur et à mesure qu'ils paraissaient, à M. le Président de la Société Archéologique de la Manche. Le savant Secrétaire de cette Compagnie, M. *Lepingard*, mon ancien condisciple, après avoir examiné, à son tour, le problème que je venais de soulever, a bien voulu me communiquer les textes ci-après : je m'empresse de les reproduire ici dans l'intérêt de la science.

A La Charte par laquelle le roi d'Angleterre Henri II confirme le don de l'église du Mesnil-Opac fait par Guillaume de Moyon à l'Abbaye de Saint-Lo, est conçue en ces termes :

« Ex dono Willelmi de Moion jus advocationis quod habebat in ecclesia beate Marie de Maisnillo *Opac* et ipsam ecclesiam cum pertinentiis suis ».

B L'extrait de la copie du Livre noir (XIIe siècle) de M. de Gerville porte textuellement « *Ecclesia de Mesnillo-Opac* ».

C Dans les notes faisant partie du dépôt confié à l'ancien Archiviste de la Manche, M. *Dubosc,* au savoir duquel chacun rend volontiers hommage, on lit la phrase suivante :

.... *Mesnil-Opac.*

« Ospac est un nom d'homme ».

M. Lepingard, dans sa lettre, s'est prononcé pour le deuxième système, et il pense que c'est d'un nom « Ospac » que le Mesnil-Opac tire son étymologie.

Sur ce point, comme dans toute discussion scientifique, il y a du pour et du contre. J'avais usé de mon droit, sauf au lecteur à adopter l'un ou l'autre des trois opinions qui s'étaient offertes d'elles-mêmes à mon examen. Pour dire que le mot Mesnil-Opac vient de Mesnil-*au Parc,* — outre divers autres motifs, — j'avais invoqué particulièrement des raisons puisées dans la correspondance que j'avais eu l'honnenr d'échanger avec le Président de la Société d'Archéologie, etc. D'Avranches et de Mortain, M. Ed. Le Héricher. *J'en extrais ce qui suit :*

« .... Quant à Mesnil-Opac, ... je me copie à la

page 70 de mes *Etymologies Familiales des noms de lieu de la Manche,* (épuisées, je crois;) Mesnil au Val est Mesnil-*Avar* dans le Livre noir (xiie ou xiiie siècle) de l'évêché de Coutances; Mesnil-Opac...... cache *au Parc*. En effet, c'est Mesnil *ad Parcum,* dans le même Livre noir; or *Parc,* — « en général » — désigne une ville épiscopale. *Le Parc* près Coutances, *le Parc* près Avranches...... »

Dans une dernière communication qu'il voulut bien nous faire de lui-même, M. Ed. Le Héricher ajoutait :

« ..... M. je saisis volontiers l'occasion de vous mettre sous les yeux un passage que je trouve sur la marge de mon Glossaire Normand, de l'*Anglais*, etc., vol 3e p. 45, et qui confirme l'étymologie que j'ai eu l'honneur de vous adresser : *c'est cette inscription sur un Missel de l'Eglise du Mesnil-Opac....*

L'an de grace *mil quatre cent*
Et *trente-deux* en celuy temps
Fut fait ce livre et accomply
Pour Mesnil au Parc, Dieu mercy... »

Dans l'intérêt de la vérité et aussi par déférence pour l'éminent philologue, j'ai cru devoir faire connaître *l'état actuel de la question* à M. Ed. Le Héricher qui a mis le plus gracieux empressement à m'honorer de la réponse suivante :

« Avranches.... etc.

Monsieur, dans la question que vous instruisez avec zèle et impartialité, de nouveaux documents qui se sont produits me font hésiter sur le ad *Parcum,* spé. les citations de Mesnil-*Opac* dès le xie siècle. Est-ce ad *Parcum,* ou bien est-ce, le nom propre *Ospac,* très-souvent rencontré, et, par conséquent, Mesnil-Opac est-il formé comme la plupart des *Mesnil,* avec un nom propre d'homme, c'est une question qui ne peut se résoudre que sur le sol. S'il y a sur le territoire de cette paroisse un *Parc*, un village, une terre de ce nom, admettez ad *Parcum;* sinon, vous devez admettre Opac, nom propre d'homme. (1)

Veuillez agréer, Monsieur, mes sentiments de sympathie et de confraternité historique.

Ed. Le Héricher ».

---

(1) Le Mesnil-Opac ne porte *aucunes traces matérielles* d'*Abbaye,* ni de *murs, enclos* ou *Parc,* semblables à ceux qui, par

L'appellation actuelle « Mesnil-Opac », tranche les difficultés, mais elle ne pouvait empêcher une discussion scientifique. Cette discussion, sérieuse et courtoise de part et d'autre, n'est nullement à regretter : du conflit des opinions jaillit la lumière.

LES TOUSTAIN.

Etudes Historiques et Etymologiques sur le nom de TOUSTAIN. *Racines de ce nom. Formes qu'il a prises, selon la diversité des lieux et des dialectes.*

Des extraits puisés çà et là, quelques faits sans liaison entre eux, plusieurs dates, voilà sur quoi s'appuient nos recherches, — naturellement vagues et fort incomplètes. On sait que... « les noms des terres « et les surnoms des particuliers ne sont devenus « héréditaires et fixes dans les races que du dixième au quatorzième siècle... » (1) — Il n'existait pas alors d'actes de l'état civil.

C'est de la Scandinavie, (aujourd'hui Norwège, Suède et Danemarck,) que, du temps de Charlemagne

exemple, protégeaient l'ancien *Ermitage d'Avranches* (Journal l'*Avranchin*) du 10 novembre 1867, n° 45, ou à la clôture fermant naguère encore l'*Ermitage de la Forêt de Saint-Sever*. Mais, *au Mesnil-Opac*, comme à la *Chapelle-sur-Vire*, comme à *Dives* (Guide de Conty), etc., il subsiste des TRADITIONS,... « toujours accréditées »... dont le premier j'ai constaté le souvenir. Ainsi l'ancienne église aurait été bâtie à la *Hédouvière*; un *petit monastère* aurait existé autrefois au-dessous de l'emplacement de l'église actuelle. Et ces pierres dont j'ai donné la description et que Toustain de Billy a employées à construire la sacristie, d'où provenaient-elles, sinon du pays? Leur volume et leur caractère n'indiquent-ils point qu'elles ont appartenu à un ancien édifice? René Toustain nous a appris que, de son temps, la contrée était couverte de bois : Ne serait-il pas naturel de croire que les moines avaient leur *enclos*, *leur* PARC?...

(1) *Essai sur l'histoire de Normandie* par M. de Toustain Richebourg, publié le 6 février 1789, — ouvrage témoignant de recherches sérieuses et contenant souvent d'utiles indications sur les temps obscurs et fabuleux qui ont précédé et suivi les invasions Scandinaves.

Nous devons à l'obligeance de M. *Letellier*, bouquiniste et antiquaire à Vire, la communication de ce livre intéressant, et de précieux renseignements que nous avons puisés dans les Manuscrits et Notes recueillis par lui.

et sous le règne de ses successeurs, les *Northmans* firent irruption en Europe et notamment dans la Neustrie devenue depuis lors la Normandie. Ces peuples ont eu, — eux aussi, — leurs héros et leurs sages : tel fut, dès l'époque de leurs premières émigrations, un philosophe guerrier du nom de TORSTEIN. (1)

TOUSTAIN, d'après l'éminent philologue Normand, M. Edmond Le Héricher, est un vrai nom Scandinave, bien connu, THOR-*Stein*, la *pierre de Thor*, le dieu de la guerre. (2)

« Le mot THORN, — ainsi s'appelait le Dieu des « Gots, que les Normans adoroient sous le nom de « *Thor*, — est la racine du nom propre de TURSTIN, « d'où s'est fait TOUSTAIN ». HUET, (origines de Caen).

Toustain, *Turstin*, *Thursten*, *Turstan*, *Torsten*, *Toston*, *Tustin*, *Tosting*, *Tostaîn*, (3) *Toutain*, *Toûtain*, *Tôtain*, est le même nom diversement écrit et prononcé.

Le curé du Mesnil-Opac, René Toustain de Billy,

---

(1) Ce nom, dit M. de Toustaïn Richebourg, — célèbre dans les premières Annales du nord, porté par plusieurs Scandinaves du septième au onzième siècle, et consigné dans les inscriptions Runiques, s'est conservé dans l'illustre *maison Suédoise de Torstenson (fils de Torstein)* et dans une *Famille Française de Chevalerie Normande* avec un léger changement d'orthographe et de nom... etc.

Si, par modestie, le savant auteur de l'*Essai sur l'histoire de Normandie*, n'a pas voulu ajouter qu'il appartenait lui-même à la Famille Française de Chevalerie Normande à laquelle il faisait allusion, nous ne sommes pas tenu à la même réserve, en ce qui le concerne. Cette branche est représentée aujourd'hui par M. le Vicomte de Toustain dont nous avons eu précédemment l'occasion de parler.

(2) Nous savons, grâce à l'obligeance de M. Gaston Lavalley, conservateur de la Bibliothèque municipale de Caen, que son ami, M. *Sorel*, professeur de Lettres à la Faculté d'Aix, auteur de Traités très-remarqués sur la Linguistique, pense, comme M. Edouard *Le Héricher*, que *Toustain* vient du *Scandinave* THOR — *Stein*, (Thurstin) la *pierre de Thor*.

(3) Dans l'acte précité du 2 décembre 1598, où figure Jacques, l'aïeul du curé du Mesnil-Opac, on lit Jacques TOSTAIN. L'acte de mariage (20 août 1623) de François Toustain, sieur de la Vallette, père du curé du Mesnil-Opac, porte également TOSTAIN.

admet les deux formes : *Turstin* ou *Toustain* dans son Mémoire sur Carentan. Dans sa Supplique en latin adressée au Chapitre, il traduit *Toustain par Turstinus*.

Aperçu du rôle qu'ont joué dans l'histoire quelques-uns des personnages DU NOM DE TOUSTAIN, *connus sous l'une des formes que nous avons indiquées*.

En 1030, *Toustain*, surnommé *Scitel*,—un héros,— meurt lâchement trahi par les Italiens qu'il vient de délivrer des Musulmans, et c'est pour le venger que les fils de Tancrède de Hauteville prennent les armes, (1033).

Vers 1034, Robert, duc de Normandie, père de Guillaume, choisit, avant de partir pour la Terre Sainte, *Toustain* Goz, (1) comte d'Exmes et vicomte d'Argentan, pour veiller aux intérêts de Falaise, sa ville adoptive. (2)

Le jeune duc, Guillaume-Le-Bâtard, en 1061, fait la guerre à *Toustain* Goz, le dépouille de ses possessions et de ses dignités, puis lui pardonne à raison des services qu'il en a reçus.

TURSTIN ou *Tustin* HALDUP, épousa *Emma*, sœur de Robert, duc de Normandie, et fut père d'*Eudon au Chapel* et ancêtre de la maison de la Haye en Cotentin. (3) *Hugues le Loup* lui était tout-à-fait étranger, étant fils de *Richard d'Avranches*, lui-même fils de *Turstin* Goz. — On a fait confusion complète entre ce Richard, fils de *Turstin* Goz, et *Turstin* HALDUP, personnage tout différent.

Toston (4) frère de *Harold* ou *Harald*, qui vient

(1) *Toustain* GOZ n'est appelé le *Goth* qu'en vertu de la conjecture la plus fantaisiste.

(2) Note *communiquée* par M. Amédée *Mériel* (de Falaise, Archéologue, inspecteur de l'Association Normande.

(3) D'après Toustain de Billy, Mémoire sur Carentan, *Turstin Haldup* et *Eudon au Chapel*, son fils, possédaient « *presque la quatrième partie de la Basse-Normandie , plures terras et quasi quartam partem Bassæ Normanniæ* ».

(4) Certains auteurs le nomment *Tosti*, *Tostic*, *Tostig*, et la Chronique de Normandie l'appelle aussi *Toustain*.

d'être proclamé roi d'Angleterre, se ligue contre ce dernier avec Guillaume de Normandie (1065).

A la bataille de Hastings, (1066) *Toustain* le *Beau* ou le *Blanc*, faisant les fonctions de grand enseigne de Normandie, pénètre, après la mort du roi Harold, jusqu'au milieu du camp où l'on a arboré l'étendard d'Angleterre, l'arrache et met en sa place la bannière que le pape avait envoyée au duc de Normandie (1)

Tostanus ou *Tustinus*, abbé de l'église de Rouen, mentionné en 1208.

En 1254, *Richard Toustain*, chef du monastère du Mont-Saint-Michel, fait commencer l'église, etc.

Guieffroy TOUSTAINVILLE, en 1422, figure, *in cedula*, parmi les seigneurs auxquels Henri V, roi d'Angleterre, ordonne de prendre les armes pour lui, lors de son invasion en Normandie. (Grands Rôles de l'Echiquier).

Guillelmus VI TOUSTAIN, (1468-1484) abbé de Saint-Etienne de Caen, « fait bâtir la tour qui s'élève sur le milieu de l'église, et établir les stalles du chœur... »

Michaël Toustain, abbé de Fontenay près Caen, est inhumé dans l'église (1525).

TOUTAINVILLE. (2) La lettre ci-après résume exactement, croyons-nous, cette partie de notre travail.

« Toutainville, le 30 août 1882.

Monsieur........

D'après l'histoire locale, le nom de Toutainville semble venir de *Turstini Villa*, de l'un de ces *Toutains* que nous retrouvons si souvent dans l'histoire des ducs de Normandie. Ce *Turstinus* se serait établi en Normandie vers 912, et aurait fait élever ici une chapelle en l'honneur de Saint-Martin. C'est sur cet emplacement qu'est construite l'église actuelle. *Il*

---

(1) MM. de Toustain Richebourg ; Todière, histoire de Guillaume-le-Conquérant.

(2) Petite commune du canton de Pont-Audemer (Eure), 794 habitants.

existe encore dans la commune deux familles qui semblent descendre de ces Toutains ; l'une porte le nom de Tostain, *et l'autre celui de* Toutain.

Veuillez agréer, Monsieur, etc.,

Le Maire de Toutainville,

Deshayes. »

Chose plus étonnante encore et qui explique comment, même indépendamment de la diversité des temps, des lieux et des dialectes, les mots d'une langue et les noms propres se modifient et s'altèrent : le curé de Carville, paroisse contiguë à Bény-Bocage, *Jean-Henry* Toustain, « noble homme » — 1721 à 1732, — signait les actes de l'état civil tantôt *Toustain*, tantôt *Toûtain* et parfois *Toutain* — (1) Notre étude, si imparfaite qu'elle soit, démontre une fois de plus combien il importe de conserver l'orthographe primitive dans les écrits et dans les noms patronymiques. Si, dans le passé, on eût suivi cette règle, l'histoire ne renfermerait point cette foule de lacunes, d'erreurs et d'obscurités, qui ne font que s'accroître avec les cours des siècles.

J'ai cité divers personnages que l'on peut considérer comme étant de race scandinave et qui se sont fait connaître par leur rang, leurs actes ou leurs alliances. Il serait téméraire de vouloir à priori les *rattacher à une souche commune*. En matière pareille, il convient, comme je l'établirai bientôt, de ne se prononcer qu'après informations précises.

Recherches concernant particulièrement la Famille Toustain, *et plusieurs autres Familles qui peuvent avoir eu la même origine.*

---

(1) Lettre de M. Rouyé, maire de Carville, du 23 août 1882. — Dans les registres de Bény-Bocage (8 octobre 1744) nous avons trouvé un *Pépin*, sieur de la *Totainerie*, nom d'un village situé à 200 mètres à l'est du clocher de la paroisse. Ce village aurait-il été habité, dans les temps reculés, par des *Toustains*, *Tôtain*, *Totain ?*

La généalogie que nous avons donnée, dès le début, (1) était suffisante pour établir la filiation du curé du Mesnil-Opac jusqu'à *Jacques Toustain*, sieur de Billy, son aïeul, et même jusqu'à *Gabriel*, son bisaïeul. Nous voudrions aujourd'hui remonter plus haut.

M. le vicomte *Louis Rioult de* NEUVILLE, (2) que M. *de* CAUMONT considère comme un collaborateur, (3) a daigné, avec une courtoisie digne de tous les éloges, puiser dans ses Notes historiques pour en faire profiter notre travail, et vérifier, par lui-même, à la Bibliothèque nationale, l'exactitude de plusieurs des documents que nous publions en ce moment. Recueillis aux sources mêmes, *et inédits jusqu'à ce jour*, ces documents sont propres à éclaircir l'histoire de la famille Toustain de Billy.

Gabriel Toustain qu'on voit figurer dans l'ARRÊT aux Aides du 21 novembre 1592, (4) est, que nous sachions, le premier des Toustain qui ait ajouté à son nom la qualification de « de Billy ». D'après les anciennes minutes du tabellionnage de Lisieux, il appartenait à la famille des *Toustain, sieurs de* MILLOUET, *à Saint-Désir de Lisieux*, qui a été reconnue d'ancienne noblesse par Montfaut en 1463 et par les élus de Lisieux en 1540. Le premier auteur de cette famille des Toustain, *sieurs de* MILLOUET, que nous connaissions, est *Guillaume* TOUSTAIN, écuyer, sieur de Formentin, vicomte d'Auge en 1417, à l'époque de l'invasion anglaise ; Guillaume Toustain épousa Marguerite de Castillon.

---

(1) Voir ci-devant page 8 de notre Notice.

(2) Propriétaire à Saint Michel de Livet (Calvados) Membre de la Société Française d'Archéologie, petit-fils de M. de Villèle.

(3) Voir les termes dont se sert M. de Caumont, l'illustre auteur de la *Statistique Monumentale du Calvados*, pour le Canton de Livarot, t. V, pages 614, 624, 636, 641, 666, 684, 720, 744, etc., etc.

(4) Voir ci-devant p. 8 de cette Notice.

C'est à Gabriel Toustain, sieur de Billy, bisaïeul de René Toustain, curé du Mesnil-Opac, que remonte la filiation de ce dernier. Où Gabriel Toustain prit-il le surnom de « de Billy » ? Aurait-il acquis ou possédé, à un autre titre, un fief de ce nom ? Une terre appelée ainsi lui aurait-elle été apportée par Marie de Montaigne, femme de Jean Toustain, sa mère ? Nous en sommes réduit à des conjectures à cet égard. Mais ce que nous pouvons affirmer, c'est que la recherche des élus de Lisieux de 1540 ne mentionne pas Gabriel Toustain de Billy. La raison en est simple : à cette époque il demeurait hors des limites de cette élection. (1) Mais où résidait-il ? On l'ignore. Il est également certain que Jean Toustain, époux de Marie de Montaigne, et père de Gabriel, n'est pas nommé dans la recherche de Montfaut en 1463. C'est *Guillaume Toustain*, marié à Marguerite de Gisay, et non *Guillaume Toustain*, son père, marié à Jeanne de la Rivière, que l'on y voit figurer. (2) D'après ce qui précède, nous devons donc considérer les *Toustain de Billy comme originaires de Lisieux.*

---

(1) Il y a deux ou trois autres familles différentes *du nom de Toustain*, dans le pays de Caux. La famille portant les mêmes armes que les Toustain de Billy est celle des *Béthencourt, Beaumont, Héberville*, etc. — On trouve, parmi les Mss de la Bibliothèque nationale, *Cabinet des Titres*, Pièces Originales, vol. 2872, des généalogies très-complètes appuyées de beaucoup d'actes anciens à remonter de 1769 à 1434, époque où vivait à Val de Dun, en Caux, *Nicolas* ou *Colin Toustain*, premier auteur connu. L'identité du blason ne nous permet pas de douter de la Communauté d'origine avec les Toustain de Billy, mais elle se reporte nécessairement à une date antérieure. Nous ne donnons point ces généalogies qui, en réalité, sont étrangères à notre plan.

(2) *Branche des Toustain de la Blancheporte.* En 1567, Catherine *Toustain*, sieur de Me Pierre *Toustain*, sieur de la Blancheporte, (Villers-sur-Glos) épousa *Pierre Rioult*, l'auteur des *Rioult d'Ouilly* et de *Neuville*, famille de MM. les comte et vicomte de Neuville. Il est possible que les *Toustain sieurs de la Blancheporte soient sortis de la même souche que les Toustain de Billy ;* mais le degré de parenté ne semble pas avoir été bien éclairci.

Voici nos documents.

A *Extrait de la recherche de M. d'Aligre, bailliage de Caen, 11 mai 1635.*

« Vu les titres présentés par CHARLES TOUSTAIN, sieur de la Goderie, pour lui et pour *Jean* et *Jacques*, ses fils de la paroisse du Tourneur, et encore pour FRANÇOIS, (1) son frère, *Charles* et *Gaston*, enfants dudit *François*, de la paroisse de Bény ; lesdits CHARLES et FRANÇOIS, enfants de *Jacques*, fils *Gabriel*, fils *Jean*, fils *Guillaume*, fils *autre Guillaume ;* Arrest de la Cour des Aydes du 21 novembre 1592 avec les paroissiens du Bény, par lequel JACQUES *est maintenu en la qualité de la noblesse*, M. de Roissy, *jouiront*. »

B *Extrait de la recherche des élus de Lisieux de* 1540.

« *Saint-Desir de Lisieux*. Pierre Toustain, sieur de *Millouet*, et Henri Toustain, son frère, ont produit leur généalogie et extraction de noblesse pour eux et Pierre Toustain leur oncle, à commencer de *Guillaume Toustain*, leur bisayeul en l'an 1413, duquel ils ont dit fournir la descente de père en fils, en titres de noblesse, jusqu'au 4e degré par eux représenté, selon leurs lettres et écritures dont copie est restée au greffe. » (2)

---

(1) Sans nous préoccuper, pour le moment, des enfants, soit de Charles Toustain, sieur de la Goderie, soit de François, sieur de la Vallette, son frère, contentons-nous de faire remarquer, dès-maintenant, que l'*autre Guillaume* mentionné en la recherche d'Aligre est le *Guillaume Toustain, sieur de* MILLOUET, vivant en 1458, mari de Jeanne de la Rivière, fille du sieur du Pré d'Auge, que nous retrouverons ci-après dans le *Tableau généalogique* de la famille Toustain de Billy, *dressé sur les preuves*.

(2) *La branche de* MILLOUET s'est éteinte en la fille dudit Pierre, *Marguerite Toustain*, mariée à Pierre Bénard, sieur de Poussy. Il est probable qu'il subsistait d'autres branches de la

Mais voici la pièce capitale.

Tableau généalogique de la famille TOUSTAIN *de* BILLY *dressé sur les preuves. Cabinet des Titres.* PIÈCES ORIGINALES, vol. 2872.

GUILLAUME TOUSTAIN s^r DE MILLOUET, vivant en 1458 épousa Jeanne de la Rivière, fille du s^r du Pré d'Auge.

GUILLAUME TOUSTAIN vivant en 1458, épousa Marguerite de Gisay, sœur du sieur du Bois-Normand.

GUILLAUME TOUSTAIN | JEAN TOUSTAIN épousa Marie de Montaigne.

JEAN TOUSTAIN | GABRIEL TOUSTAIN, *sieur de* BILLY, (1) épousa Marguerite Bonnet, fille du sieur de la Motte-Montgomery.

JACQUES TOUSTAIN.

FRANÇOIS TOUSTAIN (2) | CHARLES TOUSTAIN (3).

---

même famille dans le pays de Lisieux. Ainsi nous trouvons François Toustain, écuyer, sieur de Saint-Laurent du Buisson, à Hermival, vers 1560. Une autre branche a possédé la vavassorie Poulain au Besneray, où Robin Toustain figure à l'arrière-ban de 1469, et Claude Toustain dans la recherche de la noblesse de 1523; celui-ci n'eut qu'une fille mariée au sieur de Pomolain.

(1) GABRIEL Toustain eut *deux autres* fils, savoir 1° *Jean Toustain*, sieur de Billy, qui demeura d'abord à Montgomery, puis à Livarot entre 1580 et 1600; — 2° *Robert Toustain*, chanoine à Lisieux en 1594, *qui nous paraît être un troisième fils de Gabriel.*

Jean Toustain, sieur de Billy, *fils Gabriel*, avait épousé Marie Leroux, veuve d'Hector Le Charretier; Robert Toustain, aussi chanoine de Lisieux, prébendé de la Pommeraye en 1635, nous paraît un second fils de Jean Toustain et de Marie Leroux.

(2) François Toustain, sieur *de la Vallette*. Nous donnons ci-après le nom de ses enfants nés de son union avec Madelaine de Baudre.

(3) Sieur *de la Goderie*.

Ce tableau généalogique dont les énonciations sont irrécusables a été dressé dans le siècle dernier et bien probablement sur le texte de l'arrêt des aides du 21 novembre 1592. Parmi les individus qu'il mentionne, distinguons principalement *Guillaume Toustain, sieur de* MILLOUET, GABRIEL *Toustain, sieur de* BILLY. et *François Toustain,* « *sieur de la* VALLETTE, » père de *René Toustain, sieur de* BILLY, curé du Mesnil-Opac, décédé en 1709. (1)

Maintenant, le curé du Mesnil-Opac a-t-il eu des frères ? Assurément ; je suis heureux de pouvoir compléter ou plutôt rectifier ce que j'ai dit sur ce point historique, *après avoir toutefois fait mes réserves.* Personne jusqu'à ce moment n'avait eu d'opinion bien arrêtée, et même l'état de la question était resté entièrement inconnu. Je me plaignais de la disette des renseignements ; enfin, je puis dire : *Eurêka !* Le nombre inattendu des frères de René Toustain et cette moisson de documents me causent aujourd'hui un embarras tout contraire.

On sait que François Toustain, sieur de la Vallette et Madeleine de Baudre s'étaient mariés en 1623, et que les registres de l'état civil de Bény remontent

(1) J'ai attendu, pour donner l'acte de décès de René Toustain, le moment où j'examinerais, d'une manière définitive, la question de savoir, s'il avait eu des frères, et, au cas de l'affirmative, l'époque à laquelle ils sont morts.

Voici cet Acte.

« *Mesnil auparc* 1709 18 *avril* ».

« Le dix huitième jour dudit mois d'auril audit an le corps de noble et discrete personne Mre René Toustain, ptre, curé de cette paroisse, décédé du jour précédent, aagé de soixante six ans, après avoir participé aux Sts Sacrements de l'Eglise, a été inhumé dans le cœur (sic) de la dite Eglise par Mre Jacques Lemierre, ptre curé de Tresgots, en présence de noble homme Mre André Pynel prestre, Mre Léon Havin, ptre et noble homme Philippe Pynel acolyte et François Gervaise diacre, et plusieurs autres... »

Signatures : L. HAVIN, F. GERVAISE, A. PYNEL.

Pour copie conforme :

Le Maire du Mesnil-Opac,

J. LEMERAY.

seulement à 1651. C'est entre ces deux dates que sont nés leurs enfants. Les titres et papiers de famille n'existent plus ou sont muets à cet égard, et si je suis parvenu à déterminer la date précise de la naissance de l'historien du Cotentin (1643), ce n'est point à l'aide des actes de l'Etat civil, mais au moyen d'un rapprochement dont le lecteur a pu apprécier la rigueur mathématique.

A Les divers exemplaires de la Recherche de Chamillard en 1666 nomment TROIS FRÈRES TOUSTAIN, savoir : 1° *Jacques*, 2° *Jean-Baptiste*, 3° *René*. Seulement *Jean-Baptiste* et *Jacques* (1) ont du mourir, sans postérité, avant 1697, époque à laquelle *René*, curé du Mesnil-Opac, *figure seul dans l'Armorial Général*.

B L'extrait de la Recherche d'Aligre, du 11 mai 1635, que nous avons transcrit plus haut, donne à *François Toustain*, frère de *Charles*, *sieur de la Goderie*, DEUX ENFANTS, savoir : *Charles* et *Gaston*. Mais cette recherche ne parle ni de *Jacques* ni de *Jean-Baptiste*, NI DE RENÉ, qui, nous devons le croire, n'étaient pas nés au moment où elle a eu lieu : le fait est indiscustable pour René qui n'est venu au monde qu'en 1643.

D'un autre côté, ne perdons pas de vue qu'il n'est question de *Charles* et de *Gaston* ni dans l'Armorial général de 1697, ni même dans la recherche de Chamillard de 1666 : c'est qu'ils n'existaient plus à cette dernière date.

Résumons-nous. Les documents ne peuvent s'expliquer qu'en admettant que François Toustain, sieur de la Vallette, a eu *cinq fils*, (2) savoir : 1° *Charles*,

(1) Voir ci-devant page 8 l'acte de décès (28 décembre 1676) de Jacques Toustain de Billy, « le chevau-léger » enterré dans l'église du Mesnil-Opac, et la page où je discute, *avec réserves*, la question de savoir si ledit Jacques Toustain était le frère du curé du Mesnil-Opac.

(2) Nous n'avons point à nous occuper ici des deux filles Madeleine et Isabelle Toustain.

2° *Gaston*, nés l'un et l'autre *avant* 1634 et morts *avant* 1666, 3° *Jacques*, 4° *Jean-Baptiste*, nés l'un et l'autre *après* 1635, et morts *après* 1667, 5° *René*, né en 1643, mort en 1709. La solution nous paraît exacte.

Conclusion pratique des Recherches Etymologiques et Philologiques qui précèdent.

Les familles portant le nom de *Toustain*, (aujourd'hui *Toutain*, *Tostain*, etc.) sont fort nombreuses en Normandie, notamment dans la Seine-Inférieure, l'Eure, le Calvados et la Manche. Toutes, tant s'en faut, n'ont pas une origine commune. Du temps de nos ducs, le nom de *Thurstan ou Toustain* était presque aussi répandu, que ceux de *Robert* ou *Guillaume*. Etant tombé en désuétude au moment où se généralisait l'usage des noms de famille, celui de *Toustain* a été adopté comme nom patronymique par les enfants de beaucoup d'individus qui l'avaient porté personnellement. Voilà pourquoi une aussi grande quantité de familles sont ainsi nommées. (1) Supposer entre elles une communauté d'origine, ce serait s'engager à employer le même procédé à beaucoup d'autres noms très-répandus comme Durand, Hue, etc. « Rien, nous écrit avec une haute raison M. le Vicomte de Neuville, ne nous paraît plus absolument inadmissible... »

***

(1) Les anciens registres de Livarot qui ne remontent qu'au milieu du XVIIe siècle ne mentionnent aucun Toustain de Billy ; il n'existe aucun vestige de leur présence dans le pays, si ce n'est un certain nombre d'actes dans les vieilles minutes de divers tabellionnages. — Mais le nom de Toustain est très-connu dans le pays ; il y a plusieurs douzaines de familles de ce nom. Il est à propos de ne supposer entre elles une origine commune, que quand elle est appuyée sur des indices positifs... *(M. le Vicomte de Neuville)*.

Un Manuscrit de M. Voisin. (1) Je reçois, à l'instant, un *extrait* de ce manuscrit, qui donne *trois frères seulement au curé du Mesnil-Opac*, et rappelle, à cette occasion, des souvenirs glorieux pour la famille Toustain de Billy. *Le Manuscrit de M. Voisin était resté jusqu'à ce jour entièrement inédit.* L'extrait que nous devons à la bienveillance de M. l'abbé Pigeon, chanoine de Coutances, fait connaître avec une remarquable concision et d'une façon saisissante, la *vie* et *l'importance des travaux* de René Toustain. M. Voisin dit avoir puisé aux sources authentiques. Nous publions cet extrait sans commentaires, et nous sommes heureux de pouvoir en offrir la primeur aux personnes qui s'intéressent à la mémoire de l'illustre chroniqueur.

« ... René Toustain de Boislaville de Billy, né en 1643, vrai- « semblablement au Bény-Bocage, patrie de son père et domi- « cile de sa famille d'ancienne chevalerie, baronnie de Renty, « représenté par deux arrière neveux que nous avons vus au « Bény et au Tourneur, mérita bientôt le Doctorat en théologie « et la cure du Mesnil-Opac qu'il édifia par toutes les vertus « durant plus de 35 ans de vie pieuse et savante, testa le 4 « avril 1709, mourut saintement le 17 avril suivant, fut inhumé « le 18 *près de sa mère Madelaine de Baudre* ET DE SON FRÈRE « AINÉ, *brigadier des gendarmes du roi* (SES DEUX AUTRES FRÈ- « RES PÉRIRENT AU CHAMP D'HONNEUR L'UN OFFICIER DU MARÉCHAL « DE TURENNE), (2) après avoir consacré les loisirs de sa vie pas-

---

(1) Ce manuscrit est l'œuvre de M. Voisin, Pierre, de Tessy-sur-Vire. que nous avons eu l'honneur de connaître, lorsqu'il était professeur au collége de Vire (1846, 7, 8.) Chercheur infatigable, cet érudit avait voué une sorte de culte à la mémoire de Toustain de Billy. En 1873, M. Voisin fit hommage de son travail à Mg[r] *Bravard*. Ce manuscrit appartient aujourd'hui à son ancien Secrétaire particulier, M. l'abbé *Pigeon*, chanoine titulaire de Coutances. Nous ne saurions trop remercier le savant écrivain d'avoir bien voulu nous envoyer lui-même une copie, par extrait, du très-intéressant manuscrit de M. Voisin.

« Cette Notice, nous dit M. l'abbé Pigeon, est écrite sur un grand in-f°, qui est un fragment de l'ancien graduel, écrit à la main, de la paroisse du Mesnil-Opac... »

(2) Dans l'acte de vente du Hamel Aumont (28 novembre 1703), René Toustain, ayant survécu à tous ses frères, se qualifia *seul fils et héritier de François Toustain, sieur de la Valette.* Il fut le plus glorieux représentant des Toustain de Billy.

« torale à donner un exemple peut-être sans pareil entre ses « compatriotes, ses prédécesseurs et ses émules. — *C'est là no-« tre maître et notre patriarche ; il vaut mieux à lui seul que « tous nos répétiteurs modernes.* Lettre de M. de Gerville à l'au-« teur de ces lignes, 1844, 1845. — Les critiques les plus judi-« cieux peuvent le comparer avec les plus célèbres historiens « de l'Athènes des Normands, le savant Huet et le savant abbé « de la Rue ; chevaleresque comme ses ancêtres, Toustain de « Billy reproduit les vertus antiques dans l'expression austère « de ses labeurs. Solitaire sur une montagne du Bocage, à l'as-« pect du berceau des Mohuns et des Trégoz, son initiateur son « maître à lui-même, à force de courage, d'habileté, d'érudition, « de persévérance, il parvint à pénétrer dans les Chartriers « alors si riches du Bocage et du Cotentin, il eut l'ineffable « bonheur de recueillir pieusement, d'interpréter fidèlement, « d'insérer authentiquement dans ses *Spécilèges* et ses *Mémoires*, « les trésors de son érudition et de son patriotisme, d'offrir à « M. Foucault de Magny, intendant à Caen, le fruit de ses no-« bles et glorieux travaux... »

***

Sur la qualification de « de Billy » (1) *ajoutée au nom patronymique des Toustain, ancêtres du curé du Mesnil-Opac.*

Billy, près de Caen, est très-ancien ; comme paroisse, il a toujours dépendu de l'église de Bayeux. Dans une Charte de 1066, par laquelle Guillaume, duc de Normandie, et Mathilde, sa femme, donnent à Ste Trinité de Caen une terre située... *In villa quæ dicitur Billei*, figurent *Radulfus*, COGNOMENTO *Billei*, Radulphe « de Billy », *Adelaïde* fille de *Turstin Haldup*, fondateur de l'abbaye de Lessay. (2) Dans une autre charte (1082) concernant « Billy » et « Karpikeh », figurent *Radulphe* « de Billy », *Eude* ou *Eudon* au *Chapel* et *Adelaïde*, fils et fille de *Turstin Haldup*, à raison des droits et possessions qu'ils avaient dans les paroisses de Billy et de *Carpiquet*. (3)

(1) D'après M. de Caumont : *Billetum, Billictum, Billeum.*
(2-3) *Gallia Christiana*, t. XI, instrumenta Eccles. Bajoc, p. 59 et 69.

En 1196, *Ricardo de Billeio*. (1) etc, etc.

Je connais en France *treize localités appelées Billy*. (2) Les Toustain « de Billy » ont dû ce titre — probablement à la paroisse de ce nom, canton de Bourguébus, arrond[t] de Caen, — centre des contrées où s'établirent les hommes du Nord, soit que *Marie de Montaigne*, femme de *Jean Toustain*, l'ait apporté à GABRIEL *Toustain*, son fils, (3) soit que ce dernier l'ait reçu d'une terre qui lui aurait appartenu, à un titre quelconque, dans cette paroisse. Ici encore nous n'exprimons que des doutes.

La petite église du Mesnil-Opac n'aurait jamais fait parler d'elle sans son éminent curé, dont le nom se lit aujourd'hui sur ses murs ; c'est l'histoire, pour ainsi dire, d'un trésor qui n'avait pas été découvert, et sur lequel le passant marchait sans le savoir. Après les temps de l'oubli, la vie de René Toustain refleurit

---

(1) *Id*, t. XI.

(2) Savoir : dans l'Allier, 1 ; l'Aisne, 2 ; la Côte-d'Or, 1 ; Loir-et-Cher, 1 ; la Marne, 1 ; la Meuse, 2 ; la Nièvre, 2 ; le Pas-de-Calais, 2 ; le CALVADOS, 1.

(3) Il a existé, au XVIe siècle *une famille de Billy*, à Bernay. M. le Vicomte de Neuville croit que c'est d'une alliance avec cette famille que la famille *Le François* « de Billy », de la même ville, a pris cette qualification. Ne serait-il pas possible que l'un des ancêtres de *Marie de Montaigne*, mère de *Gabriel Toustain*, eût acquis le titre de « de Billy », en s'alliant à une famille de ce nom ?

Familles DE BILLY. — *Seigneurs de Billy* — SUR-OURCQ, (Aisne.) D'après dom Carlier, (hist. du duché de Valois relativement aux Seigneurs de Billy) le fief de Simon, Vicomte d'Oulchy, mort vers 1207, échut à *Hermès*, sœur d'Albéric d'Oulchy. Hermès épousa Faucault *de Billy* qui vivait sous Philippe-Auguste. — Voir la suite de la généalogie des *Seigneurs de Billy*, (Père *Anselme*, t. 2. p. 116.)

Nous devons à MM. *Ch. de Billy*, conseiller référendaire à la Cour des comptes, et *Alfred de* BILLY, inspecteur des Finances, — Paris, — les renseignements ci-après « Aucun de nos ancêtres n'a habité la Normandie. Notre famille n'avait aucun lien de parenté avec celle de Toustain de Billy. Elle devait être originaire de Crépy en Valois. En tout cas, elle s'était établie à Dreux, pendant le XVIIIe siècle. — Plusieurs familles avaient pris le nom de « de Billy », sans en avoir le droit, ce qui avait souvent provoqué des confusions regrettables. — *Nous ne connaissons aucunement l'étymologie du mot* BILLY. »

dans son heureuse paroisse ; on y vient de toutes parts pour lui rendre hommage. (1) Pour moi, j'ai acquitté ma dette envers l'abbé de Billy. En adressant régulièrement les fascicules de ma Notice à la Société d'Archéologie de la Manche, je n'ai eu pour but que de donner un témoignage de déférence à cette savante Compagnie, et d'ajouter un nouveau fleuron à la couronne qu'elle a posée, — en un jour de fête pour « le Mesnil-Opac » — sur la tête du savant historien, NOTRE HÉROS COMMUN.

Enfin, quoiqu'il m'en coûte, je dois me séparer de Toustain de Billy. En marchant, — trop souvent sans guide, — dans la voie que je m'étais tracée, je n'ai cessé d'avoir présente à l'esprit la pensée suivante : *Il faut oser en tout, mais oser avec prudence.* Aurai-je commis quelques inexactitudes ? Je le crains. D'ailleurs, dans ma Notice sur René Toustain, ... *Il en est comme de tous les ouvrages du monde,* IL Y A DU TROP *et du trop peu...* — On me permettra j'ose l'espérer, d'invoquer, pour mon propre compte, les paroles que

---

(1) *La Chapelle de Notre-Dame-sur-Vire.* Qui ne serait curieux de visiter, chemin faisant, une autre petite église, voisine du Mesnil-Opac ? Je parle de la Chapelle-sur-Vire. René Toustain l'a visitée souvent lui-même et il s'en occupe dans ses Mémoires. La Chapelle, — et le Prieuré qui, dans le principe, y touchait, — eurent pour fondateur au XIIe siècle, *Robert de* TRÉGOZ. D'après les érudits, le nom de Trosgots s'est écrit de différentes manières : *Trégoz, Tresgoz, Tresgots.*

Ce lieu de pélerinage est, chaque année, le rendez-vous des populations du pays. Le touriste regarde autour de lui, cherche les débris du passé, mais ne trouve *qu'un vieux mur* et quelques rochers, là où fut le jardin de Trégoz. Le prieuré n'existe plus ; l'ancienne chapelle, à l'exception d'une petite construction qui sert de sacristie à l'édifice nouveau, a également disparu. Il n'a point été publié, à notre connaissance du moins, d'histoire suffisamment détaillée et complète de ce sanctuaire vénéré.

Rien de pittoresque, comme le *Petit Val-de-Vire,* — c'est ainsi qu'il est désigné sur la carte. — où court en murmurant la rivière de ce nom, le *Petit Val-de-Vire,* ravissante vallée de Troisgots, délicieuse promenade des touristes. De paisibles villages, semés çà et là, dorment au flanc des collines. Nulle expression ne saurait dire le charme que vous fait éprouver cette rivière, coupée, de distance en distance, d'écluses et de ponts, et garnie de gracieux petits moulins toujours en mouvement.

je viens de rappeler, et que le vénérable curé s'appliquait à lui-même. (1)

La postérité salue en *Messire René* Toustain *de* Billy l'homme de bien, l'ami de son pays, le *consciencieux* Historien *des Evêques de Coutances et des Villes du Cotentin*. Son nom, universellement respecté, brillera désormais, dans le monde savant, d'un pur et vif éclat. Depuis un demi-siècle, d'éminents écrivains, — ses disciples et ses admirateurs, — s'efforcent à l'envi d'utiliser ses travaux, et, à ce point de vue, je puis dire avec le philosophe Buchez :

L'homme ne fait que passer sur la terre ; mais il y laisse le produit de ses labeurs. La semence qu'il y a mise, si faible qu'elle soit, peut engendrer un grand arbre.

(1) Voir ci-devant, page 70, *lettre autographe de René Toustain à l'intendant Foucault.*

NOTES COMPLÉMENTAIRES ET JUSTIFICATIVES

Impression des Mémoires de Toustain de Billy (1)

Il n'est jamais trop tard pour rendre à chacun ce qui lui appartient. Je m'empresse de réparer une omission bien involontaire, et je le fais d'autant plus volontiers que mon but a été, dès le principe, de grouper dans cette Notice, comme en un seul et même faisceau, tous les éléments de l'œuvre de Toustain de Billy. On vient de me mettre sous les yeux un livre fort intéressant, intitulé DOMFRONT, son *siége* de 1574, et sa *capitulation*, (2) publié par les soins d'un Bibliophile Normand.

Dans ce livre qui contient de sérieuses appréciations bibliographiques sur les œuvres de Toustain de Billy, l'auteur a édité divers passages des Mémoires de l'historien du Cotentin, ayant trait à Domfront, à Saint-Lo et particulièrement à Montgommery.

MAISON DE BAUDRE

La famille DE BAUDRE partage avec les *Toustain de Billy* l'honneur d'avoir donné le jour à l'abbé René Toustain, curé du Mesnil-Opac. Elle comptait, en 1789, six représentants aux Assemblées du grand Bailliage de Caen. (3) Le dernier rejeton, — portant le nom de *de Baudre*, — mourut à Honfleur le 23 avril 1868. (4) Cette famille, à laquelle la paroisse de Saint-Ouen de Baudre en l'élection de Saint-Lo devait

---

(1) Voir ci-devant pages 105, 106.
(2) Domfront, imprimeur, F. Liard, 1879.
(3) D'après M. Isidore *Cantrel*, publiciste, notre compatriote: « Catalogue des Gentilshommes du bailliage de Vire qui ont « pris part à l'Assemblée du bailliage de Caen, pour l'élection « des députés aux Etats-Généraux en 1789. »
(4) Voir sa Notice nécrologique, *Messager de la Manche*, publié à Saint-Lo, numéro du 25 avril 1868.

son nom, était une des plus anciennes de Normandie et de race militaire, (1) ainsi que cela résulte :

1° D'une Charte de donation de 1200 du patronage de la paroisse de Saint-Ouen de Baudre, ainsi conçue : *Ego Guillelmus de Baudre*, MILES *dedi pro salute animæ meæ et omnium antecessorum*, etc.

2° D'une autre Charte de donation aux abbés et religieux de Saint-Lo en 1236 par Guillaume de Baudre, fils de Godefroy, d'une demi-acre de terre avec le patronage de la paroisse de Saint-Ouen de Baudre. Cette donation fut confirmée et ratifiée par Guillaume de Baudre au mois de décembre 1278.

Les de Baudre firent preuve de leur ancienne noblesse devant Montfaut en 1463, devant les élus de Bayeux en 1523, et furent maintenus par Chamillard en 1668. Ils comptaient des alliances avec les de Parfouru, les de Balleroy, les Néel de Tierceville, les de Cyresme, les Achard, les de Percy, les du Fayel, les d'Estampes de la Villeurnoy, les Viel de la Graverie, les du Hamel de Saint-Denis-Maisoncelles, les Toustain de Billy, etc.

Parmi les alliances contractées par les de Baudre, on remarque particulièrement celles indiquées ci-après :

Union de Me *Nicolas du Hamel*, Seigneur de Saint-Denis-Maisoncelles, « advocat à Vire », et de *Catherine de Baudre*, père et mère de Jean-Baptiste du Hamel, secrétaire perpétuel de l'Académie des sciences, etc.

---

(1) *Augustin de* BAUDRE, à une époque assez rapprochée de nous, a représenté dignement cette race chevaleresque. « Je « soussigné, dit *Chevillon*, chirurgien major du régiment d'in- « fanterie de Rohan, certifie que Monsieur de Baudre capitaine « a été blessé à la bataille de Guastalla d'un coup de feu à la « cuisse droite ; d'une balle à la jambe gauche à celle de d'Al- « tingen ; d'une autre balle à la poitrine à Fontenay ; qu'il a eu « les doigts gelés à la retraite de Prague, ce qui l'a mis hors « d'état de continuer ses services : fait à Francfort le premier « feuvrier mil sept cent cinquante-neuf ». *Augustin de* BAUDRE, à la tête de mille volontaires portant son nom, avait marché à la défense de Granville lors de l'invasion anglaise en 1758.

Union de François Toustain, *sieur* de la Vallette, de la paroisse de Bény, et de Magdelaine de Baudre, du Tourneur, père et mère de *Messire René Toustain de Billy*, l'historien du Cotentin.

Plusieurs membres de la famille de Baudre, *de la famille aînée* notamment, sont nés et ont demeuré à Vire. Les de Baudre ont eu le plus généralement, — pour résidence, — la paroisse du Tourneur contiguë à Bény-Bocage (... xvie, xviie, xviiie, xixe siècles.)

Précédemment j'ai fait connaître les ancêtres de l'abbé René Toustain de Billy, curé du Mesnil-Opac. Voici maintenant, sur la famille de *Madelaine de Baudre*, — c'est-à-dire sur les frères de cette dame et les descendants de ceux-ci, — des détails généalogiques non moins intéressants. Mais il ne sera question ici que des de Baudre, *sieurs de Soubressain*, — « branche aînée, » — et des de Baudre, *sieurs de Noyers*, — « branche cadette ». — Sans remonter plus haut, je prends pour point de départ, aout 1623, l'acte de mariage de Magdeleine de Baudre. (1) Elle était fille de feu Guillaume de Baudre, *sieur de Soubressain*, « auteur commun », qui eut pour enfants :

JEHAN, *l'aîné*,	**MAGDELAINE**	**NICOLAS** a 2 fils		**RENÉ.**
conserve le titre de Sgr de Soubressain.	à François, Sr de la Valette.	**JACQUES** Sr de Noyers.	**GEORGES.**	
|	|	|		
JEAN Sgr id.	**RENÉ TOUSTAIN** Curé du Mesnil-Opac.	**JEAN-HENRI** Sr de Noyers.		
|		|		
JACQUES (2) Sgr id.		François-Charles Sr de Noyers.		
|		|		
ROBERT Sgr id.		**CHARLES-HENRI** Sr de Noyers.		
|		|		
Robert-Jacques (3)		**JEAN-BAPTISTE-PIERRE** (5)		
|		|		
FRANÇOIS-JEAN JACQUES. (4)		**HIPPOLYTE**		
		|		
		LÉON (6) décédé sans enfants. (1867)		

(1) Voir ci-devant ledit acte de mariage, page 11.

Actes de l'état civil de SAINT-DENIS-MAISONCELLES, *paroisse voisine du Tourneur et de Bény-Bocage.*

Branche de Charles TOUSTAIN *sieur de la* GODERIE (7) frère de *François* TOUSTAIN, sieur *de la* VALLETTE.

A 17 *avril* 1701. « Baptême » de Jeanne du Hamel, née du mariage de Jacques du Hamel et de *Catherine Toustain ;* parrain *Henry Toustain*, marraine *Jeanne Mesnildré, fille de M. de la Goderie.*

10 *janvier* 1703. « Baptême du fils d'un fermier ; parrain *Charles Toustain*, écuyer, sieur de la Goderie, marraine *Catherine Toustain*.

BRANCHE AINÉE (2) Jacques, fils de Jean, naquit au Tourneur (28 mai 1665).

(3) *Né à Vire,* où demeurait son père, 20 jer 1720. Décédé *à Vire*, le 28 frimaire an 5. — Bailli civil et criminel des hautes justices de Landelles, Coulonces et Campagnolles. — Dans un parchemin, mentionnant une réunion de conseil de famille, je lis : ... « Devant nous Robert Jacques de Baudre, écuyer, Sei-« gneur de Soubressain, avocat au Parlement de Paris, bailli « civil de la haute justice de Landelles et juge de police dudit « lieu... »

(4) *Né aussi à Vire,* 3 mai 1746. Mort au Tourneur (28 jer 1829), laissant pour « UNIQUE HÉRITIÈRE » Marie Louise Charlotte de Baudre, née le 15 frimaire an VI, décédée en 1868 *En 1res noces,* « *veuve Mainier* » laissant de cette union un fils — Me *Jean Ferdinand* MAINIER, aujourd'hui doyen de la corporation des avoués près la Cour d'appél de Caen...

BRANCHE CADETTE. (5) J. B. P. de Baudre, fils de Charles Henri et de « *noble Marie Charlotte Toustain* », — épousa (22 février 1786) « noble Louise Charlotte Viel de la Graverie. » — Mort en 1837, âgé de 99 ans 9 mois. — C'est par suite du mariage de son père avec « Marie Charlotte Toustain » que la terre de la Goderye (provenant des Toustain de Billy) passa dans la maison des de Baudre de Noyers.

(6) M. Léon de Baudre, (voir ci-devant page 10,) marié à Mlle de Chivré, vint demeurer à Maisoncelles-la-Jourdan près Vire, où il est mort ; en lui s'est éteinte la branche cadette.

(7) *Commune du* TOURNEUR. — Il existe aussi en la commune de COURSON, canton de Saint-Sever (Calvados), un village qui s'appelle *la Goderie,* où demeure actuellement une famille TOSTAIN.

16 *août* 1708. « Mariage entre Jean Baptiste Charles *Du Hamel*, Seigneur et haut justicier de St-Denis, fils de feu Georges Du Hamel, écuyer, doyen du grand Conseil à Paris, seigneur dudit lieu, etc, *d'une part*, et demoiselle *Marie Françoise Toustain*, fille de *Nicolas Toustain*, écuyer, sieur de la Goderie, *d'autre part*, etc.

11 *février* 1710. « Mariage » entre *Charles Toustain*, fils de *Nicolas*, écuyer, sieur de la Goderie, et demoiselle *Marie de Baudre*, en présence de *Jacques de Baudre*, écuyer, sieur de Soubressain, son père, etc.

7 *juin* 1724. « Baptême » d'un fils né du mariage de Jean Baptiste *Du Hamel*, écuyer, sieur de St-Denis, et de dame *Marie Françoise Toustain;* nommé J. B. par noble homme *Jean Baptiste Toustain de Billy*, curé de St-Pierre-Tarentaine, et demoiselle *Marie Anne Toustain de Billy*, sa sœur...

B *Acte de mariage du* 13 *juin* 1746

On sait que les familles Toustain de Billy, de Baudre et Du Hamel avaient assisté au *mariage* de François Toustain, sieur de la Vallette, avec Magdeleine de Baudre, et au *baptême* d'un des enfants de Me Nicolas Du Hamel et de Catherine de Baudre. (1) Après un intervalle de plus d'un siècle et long-temps après la mort du curé du Mesnil-Opac, nous retrouvons ces trois familles en présence dans cet acte du 13 juin; une quatrième famille, aussi fort ancienne, y figure également. Comme il renferme des renseignements historiques inédits sur ces familles, et notamment sur les Toustain de Billy, nous le reproduisons en entier.

(1) Voir ci-devant page 11.

« *Le lundi* 13e *jour de juin* 1746 après la publication d'un ban du futur mariage entre Messire Jacques Louis BAUQUET, chevalier seigneur et patron de Surville, les Moitiers, Glatigny, Campigny, Villiers, Fallaise, St-Loup et autres lieux, maréchal héréditat de la ville, cité et faux Bourgs de Bayeux, aussi seigneur des fiefs de Bayeux, Agy, Cottin, fils majeur de feu Messire Jacques *Bauquet*, chevalier seigneur et patron de Surville, les Moitiers, Huberville, Barchais et autres lieux, et de feu noble dame Marie Anne de Meslin *de Glatigny*, ses père et mère, de la paroisse de Surville, D'UNE PART, (Diocèse de Coutances.)

Et noble demoiselle Catherine Henriette Du *Hamel* de St-Denis, fille majeure de feu Messire Jean Baptiste Charles *Du Hamel*, chevalier seigneur et patron haut justicier de St-Denis-Maisoncelles et autres lieux, officier de vaisseaux, et de *noble dame Marie Françoise* TOUSTAIN *de* BILLY, ses père et mère, de cette paroisse, D'AUTRE PART... »

J'ai soussigné *Jean Baptiste Toustain* prêtre *curé de St-Pierre-Tarentaine*, (1) après les fiançailles célébrées d'hier au soir, ay, avec la permission de M. le curé de St-Denis-Maisoncelles, reçu cejourd'hui en cette église leur mutuel consentement de mariage et leur ay donné la bénédiction nuptiale avec les cérémonies prescrites par la Ste-Eglise en présence de *noble dame Marie Françoise* TOUSTAIN *de* BILLY, mère de ladite épouse, Messire Hyacinthe Guillaume de la Cour chevalier beau-frère dudit époux, Messire Thomas *Du Hamel* chevalier seigneur de Saint-Denis-Maisoncelles, Carville et Maupertius, Messire Jean *Du*

(1-2-3) Un AVEU consenti le 11 juillet 1718 à noble homme *Robert de* BAUDRE écuyer seigneur du fief terre et seigneurie du Soubressain par *Charles* TOUSTAIN écuyer sieur de la Goderie, nous apprend que ce dernier avait *pour frères les trois*

Hamel chevalier, chanoine d'Avranches, prieur des Trois-Marie, Chapelain de Notre-Dame de Paris, tous trois frères de ladite épouse, — Messire *Guillaume Toustain de Billy prêtre curé de Montamy*, (2) *noble homme Jean Henry Toustain écuyer prêtre curé de Maupertuis*. (3) *Messire Charles Henry de Bandre*, écuyer, seigneur de Noyers, Messire Alexandre de *Braque* p[tre] curé de Saint-Denis de Maisoncelles, Mre Gabriel *Moulin* p[tre] curé de Carville, Me Jacques *Demortreux* p[tre] et autres avec moy soussignés.

Suivant les signatures.

Pour copie conforme, le Maire de Saint-Denis-Maisoncelles,

BISSON.

Il résulte des divers extraits qui précèdent que les *Du Hamel* se sont unis *aux Toustain*, et qu'une d[lle] *de Baudre*, a épousé un *Toustain*. Mais nous n'avons rencontré à *St-Denis-Maisoncelles* aucun acte d'union entre des *de Baudre* et des *Du Hamel*..

Extrait du manuscrit « Daniel Polinière » (1)

Les Du Hamel, *seigueurs de St-Denis-Maisoncelles.*

Me Nicolas Du *Hamel*, exerçait à Vire la profession d'avocat, dès 1620. De son union avec *Catherine de* Baudre (2) naquirent quatre fils :

---

prêtres ci-après désignés, qui figurent dans l'acte de mariage du 13 juin 1746 : *Jean Baptiste* Toustain, curé de Saint-Pierre-Tarentaine ; *Guillaume* Toustain de Billy *curé de Montamy* ; enfin *Henry* Toustain, *curé de Maupertuis et précédemment de Carville*...

(1) Article « Commune de Saint-Denis-Maisoncelles », *Bibliothèque de Vire*.

(2) Voir ci-devant page 11.

A *Du Hamel*, Jean Baptiste, *né à Vire*, (11 juin 1624) prêtre oratorien, prieur de Saint-Lambert, secrétaire perpétuel de l'Académie des sciences, etc ;

B *Du Hamel*, Thomas, docteur en théologie, chancelier en la cathédrale de Bayeux ;

C *Du Hamel*, Guillaume, chanoine de Bayeux, prieur de Monternay, aumônier du roi ;

D *Du Hamel*, Georges, *né à Vire*, avocat au Grand Conseil à Paris.

Une nouvelle communication de M. Léopold DELISLE.

Quand nous avons parlé (1) *de ceux des manuscrits, autographes de Toustain de Billy dont la trace est perdue,* (2) nous avons fait connaître, en nous fondant principalement sur les assertions de M. le Directeur de la Bibliothèque Nationale, les raisons qui peuvent porter à croire que, depuis la vente des bibliothèques de l'abbé de Rothelin, ces manuscrits ne sont plus en France. Qu'on veuille bien revoir ce que nous avons dit à ce sujet, car il s'agit là d'un problème du plus sérieux intérêt. Toutefois il est un point de vue qui a sa valeur, et que d'abord nous avions à dessein passé sous silence, mais avec l'intention de le signaler plus tard. D'après M. Léopold Delisle, (3) d'après toutes les probabilités que nous avons interrogées nous-même, les manuscrits en question seraient aujourd'hui dans divers dépôts étrangers que nous indiquerons ultérieurement. Nous nous préparions à présenter per-

(1) Voir ci-devant pages 57, 63, 65.
(2) Au nombre de ces manuscrits autographes se trouvent : *l'histoire ecclésiastique du diocèse de Coutances* ou VIES *des Evêques de Coutances. Le recueil des Cartulaires du diocèse de Coutances.* Le Livre : *Renati Turstini Billii Epitome historiæ Ecclesiasticæ Constantiensis.*
(3) *Le Cabinet des Manuscrits de la Bibliothèque nationale,* t. 1 paru en 1868.

sonnellement quelques observations sur ce dernier point, quand nous avons eu l'honneur de recevoir de l'illustre bibliographe la lettre ci-après. Cette communication, — toute spontanée, — donne lieu aux observations suivantes :

A M. Léopold Delisle s'intéresse particulièrement aux questions de cette nature, et c'est pour s'être attaché à des détails qui pouvaient paraître insignifiants aux esprits superficiels qu'il a enrichi la science de nombreuses découvertes bibliographiques, et qu'il a retrouvé des livres et des manuscrits que l'on croyait perdus. (1)

B Nous prions le lecteur de ne pas perdre de vue que la lettre de M. le Directeur de la Bibliothèque Nationale, dont nous reproduisons textuellement les termes, a trait, *non point à tous les manuscrits autographes de Toustain de Billy*, — aujourd'hui disparus, — mais seulement AUX DEUX NUMÉROS qu'elle indique nommément.

DIRECTION
DE LA
BIBLIOTHÈQUE NATIONALE.
—

Paris, 23 mai 1884.

L'Administrateur général,
Directeur,

MONSIEUR,

Pensant que vous vous occupez toujours de Toustain de Billy, je crois devoir vous signaler deux articles du catalogue de la bibliothèque de l'abbé de Rothelin, vendue en 1746 :

(1) On sait que le Gouvernement français avait ouvert des négociations pour acquérir — de la Bibliothèque Adhesburam, (d'Angleterre) — la partie des livres et manuscrits provenant des soustractions commises par Libri. Ces négociations vont être reprises, et tout permet d'espérer un retour prochain de ces livres et manuscrits. M. Léopold Delisle aura ainsi l'honneur d'avoir fait rentrer dans nos bibliothèques ces monuments vénérables de nos Antiquités nationales.

N° 2953. Renati Turstini Billii epitome historiæ Ecclesiasticæ Constantiensis. Ms. in-folio.

N° 2954. Recueil des Chartes, titres et Estats concernant les bénéfices, abbayes, prieurez, etc. du Côtantin et autres lieux de Normandie. Ms. 13 vol. in 4°.

J'ignore où sont passés ces deux manuscrits dont le second, comme le premier, pourrait bien avoir été le fruit du travail de Toustain de Billy. Le fond de la bibliothèque de l'abbé de Rothelin venait en grande partie de Foucault, particularité qui nous explique comment des manuscrits du curé du Mesnil-Opac pouvaient s'y trouver.

Veuillez agréer, je vous prie, Monsieur, l'assurance de mes sentiments les plus dévoués.

L. DELISLE.

Nous avons lu cette lettre avec toute l'attention qu'elle mérite. M. Léopold Delisle, en ce qui concerne les manuscrits n°s 2953, 2954, semble avoir modifié un peu l'opinion qu'il avait émise précédemment au sujet de *tous les manuscrits autographes de Toustain de Billy qui ont quitté la France*. En effet, dans son *Histoire du Cabinet des manuscrits de la Bibliothèque nationale*, l'illustre écrivain avait exprimé l'idée que ces manuscrits sont ou doivent être aujourd'hui dans divers dépôts d'*Angleterre*, d'*Ecosse*, de *Hollande*, d'*Allemagne* et de *Danemarck*. Nous nous inclinons respectueusement devant les assertions de M. Léopold Delisle dont l'opinion fait autorité : nous entendons n'y rien ajouter, mais aussi n'en rien retrancher. Toutefois qu'il nous soit permis de faire ici deux observations...

1° On peut, sans témérité, croyons-nous, émettre la pensée que l'Angleterre ne possède pas de *manuscrit original de Toustain de Billy* ; l'enquête semble faite pour cette contrée ; nos correspondances avec Londres ont éclairci ce point. (1)

(1) Voir ci-devant pages 49, 50, 51, 52, 53, 54.

2° Si l'illustre bibliographe nous dit, dans sa lettre, qu'il ignore où sont les deux manuscrits autographes, n°s 2953, 2954, c'est que, depuis bientôt vingt ans, rien n'a été découvert par lui et n'est venu à sa connaissance.

Quoiqu'il en soit, ces manuscrits originaux et beaucoup d'autres encore, nous en sommes convaincu, existent toujours et sont conservés avec soin. C'est avec réflexion que, dans notre Notice sur Toustain de Billy, nous avons appelé l'attention des savants sur ces intéressants problèmes. Nous apprendrions avec bonheur que nos efforts ont pu contribuer à donner aux érudits le courage de chercher ces précieux manuscrits, et la persévérance pour les découvrir.

ERRATA

Page 39, ligne 18, au lieu de *riger*, lire *ériger*.
Page 64, ligne 11, après le mot *porte*, ajouter les mots *à croire*.
Page 140, ligne 1, au lieu de *Dubocs*, lire *Dubosc*.
Page 146, ligne 24, au lieu de *Couty*, lire *Conty*.

TABLE

Notes complémentaires et justificatives.

OUVRAGES DU MÊME AUTEUR

1860 *Hommage à Chênedollé*, poésie.

» *Notice historique* sur l'Horticulture dans l'arrondissement de Vire. (*Annuaire de l'Association normande*).

1861 *Notice biographique* sur Jehan Porée. (*Journal de Vire*, 5 décembre — Adam fils).

» *Notice biographique* sur l'abbé Porquet, poète Virois.

1862 *Le Réséda*, fable en vers. (*Journal de Vire*, 30 janvier — Adam fils).

1867 *Biographie* d'Antonin de Campagnolles, brochure.

1868 — de Pierre Polinière, —

» — de Richard Séguin, —

» *Projet d'un Monument commémoratif* en l'honneur des plus illustres Enfants de la Ville et de la Banlieue, brochure. (Adam fils).

» *Le Livre d'Or de la Cité Viroise*, brochure. (*Journal de Vire*, 17 décembre — Adam fils).

» *A M. F.....*, traduction en vers français d'une poésie latine sur la mort de sa femme, avec dédicace du traducteur. (*Journal de Vire* — Adam fils).

1869 *Maison* du poète Castel. (*Journal de Vire*, 9 septembre— Adam fils).

1881 *La Perce-Neige*, idylle en vers, plaquette.

» *L'Abbé Coisnon* et *Toussaint Louverture*, brochure in-8°, publiée en 2° édition. (Guérin, éditeur).

» *Fête de la Fédération du 14 Juillet* 1790, à *Vire*, brochure in-8°. (Même éditeur).

1882 **Vire,** *Berceau de la Famille Pithou*, brochure in-8°. (Même éditeur).

1882 **Vire souterrain,** crypte, rue Saulnerie, n° 457, plaquette.

» — — *Maison Mette*, place Castel et rue N.-D., plaquette.

VIRE, TYPOGRAPHIE A. ADAM, RUE SAULNERIE, 18.

OUVRAGES DU MÊME AUTEUR

1860 *Hommage à Chênedollé*, poésie.

» *Notice historique* sur l'Horticulture dans l'arrondissement de Vire. (*Annuaire de l'Association normande*).

1861 *Notice biographique* sur Jehan Porée. (*Journal de Vire*, 5 décembre — Adam fils).

» *Notice biographique* sur l'abbé Porquet, poète Virois.

1862 *Le Réséda*, fable en vers. (*Journal de Vire*, 30 janvier — Adam fils).

1867 *Biographie* d'Antonin de Campagnolles, brochure.

1868 — de Pierre Polinière, —

» — de Richard Séguin, —

» *Projet d'un Monument commémoratif* en l'honneur des plus illustres Enfants de la Ville et de la Banlieue, brochure. (Adam fils).

» *Le Livre d'Or de la Cité Viroise*, brochure. (*Journal de Vire*, 17 décembre — Adam fils).

» *A M. F,....*, traduction en vers français d'une poésie latine sur la mort de sa femme, avec dédicace du traducteur. (*Journal de Vire* — Adam fils).

1869 *Maison* du poète Castel. (*Journal de Vire*, 9 septembre— Adam fils).

1881 *La Perce-Neige*, idylle en vers, plaquette.

» *L'Abbé Coisnon* et *Toussaint Louverture*, brochure in-8°, publiée en 2e édition. (Guérin, éditeur).

» *Fête de la Fédération du 14 Juillet* 1790, à *Vire*, brochure in-8°. (Même éditeur).

1882 **Vire,** *Berceau de la Famille Pithou*, brochure in-8°. (Même éditeur).

1882 **Vire souterrain,** crypte, rue Saulnerie, n° 457, plaquette.

» — — *Maison Mette*, place Castel et rue N.-D., plaquette.

www.ingramcontent.com/pod-product-compliance
Ingram Content Group UK Ltd.
Pitfield, Milton Keynes, MK11 3LW, UK
UKHW022342090726
13658UKWH00001B/423

9 782019 951245